MERIAN *momente*

W0047373

BRÜSSEL

CHRISTINE RETTENMEIER

BRÜSSEL ENTDECKEN 4

BRÜSSEL ERLEBEN 20

BRÜSSEL ERKUNDEN 54

DAS UMLAND ERKUNDEN 130

BRÜSSEL ERFASSEN 136

KARTEN UND PLÄNE

Einmal mehr ist Lucky Luke auf der Jagd nach den Daltons schneller als sein Schatten.

BRÜSSEL ENTDECKEN

MEIN BRÜSSEL

*Königliches Metropölchen – In den Himmel strebende Hauptstadt
Europas – Kultureller Schmelztiegel – Internationales Reiseziel. Diese
Stadt auf sieben sanften Hügeln ist zugleich übersichtlich und konfus,
dynamisch, kreativ und immer für eine Überraschung gut.*

Liebes, nimmt das denn gar kein Ende! Wäre sie ein Teenager, dann
müsste man sie auf den ersten Blick endlos wegen ihrer aknegleichen
Oberfläche bedauern. Umleitungen, Bauzäune, Kräne und Betonsilos, so
weit das Auge reicht. Aber langsam ändert sich die Optik. Wie die puber-
tären Pusteln fallen in Brüssel die Baugerüste von den Fassaden, das Gesicht der Stadt wird jeden Tag ein wenig hübscher und sympathischer.
Nicht nur im Zentrum um den großen Marktplatz, sondern auch in den
Quartieren außerhalb des Altstadtrings strahlen die renovierten Fassaden in den schmalen Wohnstraßen, locken klitzekleine Schaufenster mit
kompromisslos individuellen Dekorationen, riecht es nach Aufbruch, fri-
schem Ökolack und poppigen Cupcakes.

◄ Schöne Frauen mit wallendem Haar sind charakteristisch für den Jugendstil (► S. 42).

19 GEMEINDEN, EIN GROSSER PLAN

Mich beeindrucken diese idealistischen Kleinunternehmer, ihr leicht konfuser, aber liebenswerter Enthusiasmus, der woanders längst von Franchise-Ketten und globalisiertem Ramsch erdrückt worden wäre. Ich liebe die weiten, hellen Plätze, auf denen neuerdings statt Autos Menschen mit Biergläsern und Pommestüten herumstehen dürfen. In Bistros und Brasserien, Cafés und Kneipen, auf Märkten, an Bushaltestellen und Infoständen gibt es Platz zum Staunen oder Durchatmen, ist Zeit für ein kleines Gespräch und ein Lächeln. Ich verdrehe den Kopf, um die polierten Friese, die verspielten Erker und die opulenten Balkone der Jugendstilhäuser zu fotografieren. Und ich bewundere den neuen Mut der Stadtplaner zur gepflegten Baulücke, zum kleinen Grün in teurer Lage. Endlich folgen die bisher chronisch uneinigen Entscheider in Brüssels 19 Gemeinden dem großen gemeinsamen Plan, ihr vielfältiges Territorium flott zu modernisieren – aber mit Respekt vor der Stadtgeschichte und ihren knapp eine Million Bewohnern aus 149 Ländern. Brüssel im 21. Jahrhundert durchlebt eine Metamorphose. Das Stadtkonglomerat braucht – und erhält – einen Verkehrsentwicklungsplan; in Industriebrachen entsteht moderner Wohnraum, gleichzeitig aber wird das historische Erbe aus 1000 Jahren bewahrt: Mittelalter im touristischen Zentrum, Belle Époche in den Quartieren von Ixelles und Etterbeek, wiederbelebte Fabrikpaläste am Canal de Charleroi und den Marolles, pompöse Postmoderne im Europaviertel, Multikulti in der Südstadt und dazwischen grüne Idylle für die gestresste Großstadtseele.

NEULAND FÜR NEUGIERIGE

Fast heimlich und durch die Hintertüren verbreiten sich Themen wie Umweltschutz und Nachhaltigkeit in den Köpfen. Die urbane Elite kauft im Bio-Markt und beim kreativen Holzkünstler um die Ecke, fährt wetterfest Fahrrad und legt im grauen Hinterhof Stadtgärten an. In deren Gefolge entdecken immer mehr Neu-Brüsseler den Charme lange vergessener Quartiere aus der Gründerzeit, bringen gemeinsam mit den Nachbarn junges Leben in die Straßenzüge aus dem frühen 20. Jahrhundert. Mit dem frischen Grün auf alten Plätzen sprießen vor allem außerhalb des Boulevardrings originelle Lokale, bunte Märkte, unkomplizierte Treffpunkte – Neuland für Neugierige.

Zwar kokettiert Brüssel gerne selbstironisch mit seinem Image als Fritten- und Pralinenmetropole mit historischen Fassaden, zwar machen Millionen von Menschen völlig überflüssige Fotos von Petit Julien, dem berühmtesten Stehpinkler der Weltgeschichte, gleichzeitig aber entdecken immer mehr Besucher den neuen Zauber der Nebenstraßen. Kommen Sie mit, lesen Sie den Stadtplan wie einen Abenteuerroman, lassen Sie sich treiben vom Herzschlag der Quartiere, der gerne auch zu einer Frittenbude führen darf. Oder folgen Sie dem Ruf einer kreativen Lampendesignerin, die ihr Geld derzeit spontan mit gehäkelten Hüllen für Smartphones verdient …

VERSCHNÖRKELTE PRACHT IN GRÜNER FOLIE

Überraschungen sind hier alltäglich, spätestens an jeder zweiten Straßenecke. Wenn wieder einmal ein Bauzaun zwischen Glaspalästen den Weg versperrt, wenn eine ambitioniert versteckte Hinterhofgalerie gerade jetzt geschlossen hat oder ein heißer Besichtigungstipp schon wieder verglüht ist, dann beweist das vor allem eines: Brüssel, offiziell die Hauptstadt Belgiens, Regierungssitz, Wohnsitz der Königsfamilie, Verwaltungszentrum der Europäischen Union sowie der NATO, ja, dieses Brüssel ist voller Leben – unberechenbar, verwirrend, chaotisch und ein permanentes Provisorium mit Perspektive. Zentren anderer historischer Städte mögen vor allem museal erscheinen, und die Grand' Place mit ihrer verschnörkelten Pracht erfüllt auch diese Erwartung, wenn, ja, wenn nicht jedes Mal ein anderes der 33 Zunft- oder Gildehäuser von grünen Schutzfolien verhangen wäre. Gebäudeakne statt Postkartenidylle. Typisch bruxellois.

Deshalb bin ich immer wieder gerne hier zu Gast, wo die Alteingesessenen beharrlich in den beiden knarzig-nuscheligen Amtssprachen Wallonisch und Flämisch aneinander vorbeidiskutieren können, während die bunte Mehrheit Französisch und Englisch bloggt, twittert und parliert. Wo in den aufgehübschten historischen Gassen ein komplizierter Weltenmix seinen Geschäften nachgeht, bauen die Eurokraten entlang der Rue de la Loi an ihrer durchorganisierten Parallelwelt. Es überrascht nicht, dass gerade in Brüssel die grundsätzlich sehr unterschiedlichen Interessen von 28 europäischen Ländern mit rund 500 Millionen Einwohnern durch schwer verständliche Verordnungen harmonisiert und verwaltet werden sollen. Man versucht sich an Provisorien, die irgendwie nicht richtig funktionieren und die daher niemand so richtig ernst nimmt, doch damit hat man eine Menge Erfahrung!

Wer Brüssel zum ersten Mal besucht, hat vor allem die großartigen, skurrilen, köstlichen und originellen Sehenswürdigkeiten im Blick, die sich auf engstem Raum drängen: Von den weltberühmten Gemälden in den Museen des Kunstbergs bis zum Schlemmerviertel nördlich der Grand' Place, wo sich der Besucher zwischen Hügellandschaften aus Meeresfrüchten verlieren kann, sind es nur wenige Hundert Meter. Übermütige Modedesigner, ambitionierte Chocolatiers und die gewieften Händler auf dem Flohmarkt in den Marolles machen einen Einkaufsbummel zum Erlebnis, auch wenn sich die Schnäppchen zu Hause als hübsche Staubfänger oder gefährliche Kaloriensünden entpuppen. Kommerz macht hier einfach Spaß. Und Kunst wird nicht nur ins Museum gesperrt, man findet sie in den Metrostationen und an den Wänden von Stadthäusern. Comic-Figuren wie Tim & Struppi führen ihre Fans auch in die morbid-charmanten Nebenstraßen, Street-Art-Guerillas hinterlassen ihre irritierenden Bilder an den unzugänglichsten Fassaden, während sich der kreative Nachwuchs mit Events und originellen Veranstaltungen zu etablieren versucht.

STIPPVISITE ODER KONZERTMARATHON

Ein Wochenende reicht knapp, um die wichtigsten Museen, das turbulente historische Zentrum und das Atomium zu besuchen. Wer tiefer in das Brüsseler Lebensgefühl eindringen und seine unglaubliche Fülle an Veranstaltungen nutzen möchte, kommt schnell wieder. Vor allem die vielen internationalen Konzertreihen wie das Klarafestival, die Designwochen oder der Ommegang sowie großartige Ausstellungen in den Museen des Mont des Arts bieten Kultur konzentriert und auf höchstem Niveau. Egal ob Stippvisite oder Konzertmarathon, nehmen Sie sich Zeit für eine kurze Verschnaufpause im Egmontpark, an den Étangs d'Ixelles oder im Jardin Botanique, wo die Stadt plötzlich im dichten Zaubergrün verschwindet und Sie in Sekunden 250 Jahre hinter sich lassen. Das dichte Gedränge um Manneken Pis, Brüssels größte touristische Enttäuschung, kann gut und gern noch etwas auf Sie warten …

DIE AUTORIN

Christine Rettenmeier, Jahrgang 1962, ist überzeugte Halbnomadin mit niederbayerischen Wurzeln und unberechenbarer beruflicher Basis als Journalistin, Reisebuchautorin, Studienreiseleiterin bzw. Wanderführerin. Das Metropölchen Brüssel, wo sie regelmäßig Freunde besucht und neue Quartiere erkundet, liebt sie wegen des Eigensinns der Bewohner und des unkomplizierten Miteinanders.

MERIAN TopTen

Diese Höhepunkte sollten Sie sich bei Ihrem Besuch auf keinen Fall entgehen lassen: Ob die Grand' Place, das Atomium oder der Bois de la Cambre – MERIAN präsentiert Ihnen hier die wichtigsten Sehenswürdigkeiten Brüssels.

1 Parvis St-Gilles

Der große Platz vor der Kirche ist In-Treff für Großstadtnomaden und Feier-abendgenießer. Hier gibt es günstige Drinks, feine arabische Küche und interessante Gespräche (▶ S. 18, 90).

2 Kunst in der Metro

Seit 1965 wurden fast alle U-Bahnhöfe von belgischen Künstlern originell gestaltet (▶ S. 51).

3 Grand' Place

Auf dem prachtvollen Marktplatz, eingerahmt von filigranen Zunfthäusern mit barockem Zierrat, ist immer Hauptsaison (▶ S. 60).

4 St-Michel et Ste-Gudule

Das mächtige Gotteshaus mit seinen prächtigen Fenstern ist einer der imposantesten Bauten Europas (▶ S. 64).

5 Mont des Arts

Nur wenige Meter trennen weltberühmte Museen, Ausstellungen und Gebäudekomplexe voneinander. Der schmucke »Kunstberg« ist das kulturelle Highlight der Stadt (▶ S. 70).

6 Marolles

Im ehemaligen Arbeiter- und heutigen »In«-Viertel lockt nicht nur der altehrwürdige Flohmarkt. Auch die Straßen im industriellen Jugendstil und die ori-

ginellen Ladengeschäfte lohnen einen
ausführlichen Besuch (▶ S. 80).

⭐ Bois de la Cambre

Dieser 124 ha große Park mit kleinem
See und Restaurants ist die grüne Lunge der Stadt und das beliebteste Naher-
holungsziel der Brüsseler (▶ S. 87).

8 Parlement Européen

Wie ein gewaltiges, glitzerndes Doppel-Ufo aus einer anderen Welt präsentiert sich der Sitz des Europäischen
Parlaments (▶ S. 106).

⭐ Atomium

Futuristisch und strahlend dient das
gigantische Eisenmolekül seit der
Weltausstellung 1958 als Wahrzeichen
der Stadt (▶ S. 109).

10 Belgisches Comic-Zentrum

Bildergeschichten, die nicht nur Belgi-
en veränderten – in einem herrlichen
Jugendstilgebäude residieren Tim &
Struppi, die Schlümpfe, Lucky Luke und
weitere Helden auf Papier (▶ S. 113).

MERIAN Momente
Das kleine Glück auf Reisen

Oft sind es die kleinen Momente auf einer Reise, die am stärksten in Erinnerung bleiben – Momente, in denen Sie die leisen, feinen Seiten der Stadt kennenlernen. Hier geben wir Ihnen Tipps für kleine Auszeiten und neue Einblicke.

Tropismes Libraire   F3

Die Schatztruhe für frankophile Bücherfreunde liegt zentral in der Galerie des Princes: Zwar sieht die Buchhandlung von außen unscheinbar aus, doch in den vollgestopften Regalfächern warten gedruckte Schätze auf ihre Entdecker: Prachtvolle Bildbände über alle Facetten des Brüsseler Jugendstils, rare Übersetzungen französischer Literaturklassiker, belgische Gegenwartsliteratur und eine große Comic-Auswahl jenseits des Mainstreams. Natürlich haben die Buchhändler spezielle Tipps für neugierige Leser und lassen jene in Ruhe, die beim Stöbern die Zeit vergessen haben.

Ilôt Sacré | 11, Galerie des Princes | Metro: Gare Centrale | www.tropismes.be | Mo–Sa 10–18 Uhr

Vintage-Markt St-Géry   E3

Jeden zweiten Sonntag im Monat stapeln sich in der prächtigen gusseisernen Markthalle von St-Géry gebrauchte Kleidungsstücke, Schuhe, Gürtel, Hüte und andere Accessoires. Seitdem Secondhandware als »Vintage« angeboten wird, ist es absolut trendy, in T-Shirt-Haufen zu wühlen und ein Schätzchen mit Gebrauchsspuren zu erbeuten. Also, ran an Grabbeltische und Kleiderständer! Übrigens: Wer nicht auf den monatlichen Vintage-Markt warten will, kann täglich in der Rue Haute in den Marolles auf textile Schnäppchenjagd gehen.

St-Géry | Metro: Bourse | 1. Sa im Monat, 10–18 Uhr

3 Les Tartes de Françoise
südl. H 6

Wenn ein Zuckerbäcker ein Geheimtipp sein kann, versteckt er seinen Laden in einem Hinterzimmer am Rande des Quartiers Ixelles. Eine gute Spürnase und eine Portion Orientierungssinn braucht man schon, bis man auf den letzten Metern dem unwiderstehlichen Duft von frischen Apfeltartes, Macarons und Käsequiches durch einen kleinen Durchgang in das süße Schlaraffenland nachgehen darf. Es folgt die Qual der Wahl! Doch die Mühe lohnt sich und am Ende können Sie selig triumphierend an den feinsaftigen Köstlichkeiten knabbern.

Ixelles | 75, Av. de l'Hippodroom | Tram: 94 Buyl | www.tartes.be | €

4 Abenteuer Tram

Pure Nostalgie auf Rädern sind die knapp 40 Linien der Tram, die sämtliche Gemeinden von Brüssel erschließen. Mit einer Tageskarte kann man reizvoll und gleichermaßen günstig auf Abenteuerfahrt gehen. Am besten setzen Sie sich in eine beliebige Bahn, steigen spontan an drei hübschen Haltestellen in eine andere Linie um und suchen dann den direkten Weg mit Bus, Tram oder Metro zurück zum Ausgangspunkt. Aber vergessen Sie nicht, nach jedem Umsteigen Ihre Fahrkarte an einem der roten Lesegeräte mit dem dicken weißen Ring zu entwerten und für die Rückfahrt den Stadtplan einzupacken …

5 Albertinum (National-bibliothek)
F 4

Weitblick mit Gemüsekost genießt man von der Dachterrasse der Bibliothèque Royale de Belgique am Mont des Arts. Die Cafeteria des Hauses bietet für wenige Euro vorzüglichen Kaffee, erstklassige Sandwiches und kleine Gerichte aus der Bio-Küche. Ein Teil der Produkte kommt aus dem Kräutergarten nebenan, das grandiose Panorama über die Stadt gibt es gratis dazu.

Mont des Arts | Pl. de l'Albertine |
Metro: Gare Centrale | Mo–Fr 9–
15.30 Uhr | €

6 Jakobsweg F4–E5

Ja, es klingt seltsam, und ja, Santiago de
Compostela liegt 2200 km von der belgischen Metropole entfernt, dennoch
war Brüssel im Mittelalter eine bedeutende Station auf dem berühmten europäischen Pilgerweg. Heute markieren bronzene Muschelsymbole den
Verlauf der Route von der gotischen
Kathedrale über die Grand' Place zur
Chapelle-Kirche und zur Porte de Hal.
Auch wenn es an der ein oder anderen
Stelle schwierig ist, kontemplativ seinem Weg durch den Touristenrummel
zu folgen, so öffnet dieser Spaziergang
neue Blicke auf einige versteckte Kirchen wie etwa die barocke Église Notre-Dame de Bon Secours am Marché-
au-Charbon (Kohlenmarkt) oder das
noch heute bestehende Hopital St-
Pierre in den Marolles, in dessen Mauern seit knapp 600 Jahren Kranke gepflegt werden. Eine Broschüre mit dem
Verlauf der Route ist beim bip (Brussels Info Place, ▶ S. 71) erhältlich.
Zentrum | Metro: Gare Centrale,
Porte de Hal

7 Bois de la Cambre südl. H6

In vielen Brüsseler Parks und Grünanlagen, vor allem im Bois de la Cambre,
dem riesigen Stadtpark im Südosten,
leben zahme Eichhörnchen, aber auch
vorwitzige Siebenschläfer, Streifenhörnchen, Sittiche und Papageien. Dazu
Stockenten, Haubentaucher, Schwäne
und Nilgänse an den Gewässern. Wer
mit einer Tüte Sonnenblumen- oder
Kürbiskernen und etwas Geduld zum
Spaziergang durch die Wald-Wiesen-
und-Teich-Idylle startet, gewinnt schnell
tierische Freunde. Vor allem die Eichhörnchen lassen sich nicht lange bitten.
Die farbenprächtigen Mandarinenten,
Singschwäne oder die Nilgänse mit den
Augenringen werden manchmal sogar
aufdringlich …
Ixelles | Tram: 7 Longchamp, 94 Gare de
Boondael

8 Jugendstil-Streifzug E6

Elegant und fantasievoll prägen die
Fassaden im typischen Brüsseler Jugendstil, dem Art nouveau, ganze Straßenzüge in Ixelles. Um die Chaussée de
Charleroi, die Rue Defacqz, den Square
de Biarritz und die Rue Vanderschrick
(▶ S. 90) drängen sich fließende Formen und reiche Dekorationen ins Bild.
Bei der Orientierung hilft ein spezieller
Stadtplan, den man beim bip (▶ S. 71)
erhält. Auch im Europaviertel (▶ S. 102)
kann man die kunstvollen Bauten aus
dem späten 19. und frühen 20. Jh. bei
einem Spaziergang erkunden.
Ixelles/St-Gilles/Etterbeek | Metro:
Louise, Porte Namur

9 Tangoschritte E4

Rhythmus im Blut und die Grund-
schritte im Hinterkopf sollten die Frei-

zeittänzer schon mitbringen, die sich in Belgien aufs Tangoparkett wagen: Jeweils dienstags ab ca. 22 Uhr trifft man sich im Café Floreo, an Donnerstagen und Samstagen in der Tangobar zum temperamentvollen Tanz mit wechselnden Partnern. Im April findet in Brüssel zudem ein internationales Tangofestival statt und im Sommer trifft man sich sonntagabends bei Milongas im Parc de Bruxelles am Schloss. Zaungäste und Anfänger können vor den Tanzabenden unter Anleitung eines Trainers die ersten Schritte üben.

St-Géry | Café Floreo | 19, Rue de Riches Claires | Metro: Bourse Ixelles | Tangobar | 13, Rue de Dublin | Metro: Porte de Namur | www.milonga.be

10 Geliebte Frittensünde   H5

Mag man sich zu Hause noch so gesund ernähren, in Brüssel führt kein Weg an den krossen Kartoffelstäbchen vorbei. Aus echten Knollen, innen weich und außen knusprig, weil zweimal in Rinderfett gebraten, muss die nationale Sättigungsbeilage sein. Sie ist der ideale Snack beim Bummel durch die Quartiere: Frisch, heiß, günstig und lecker! Die besten »Frittures« stehen auf der Place de la Chapelle, der Place Flagey sowie der Place Jourdan. Stellen Sie sich einfach zur Mittagszeit hinten an der langen Warteschlange an …

Sablon/Ixelles/Etterbeek | Metro: Anneessens, Luxembourg | tgl. ca. 11–18 Uhr | €

11 Atomium   nördl. E1

Natürlich kann man acht Euro Eintritt bezahlen und sich mit einem modernen Glasaufzug in 100 m Höhe katapultieren lassen, um dann aus dem überdimensionalen Eisenmolekül über die Stadt zu sehen. Viel mehr Spaß macht es jedoch, wenn man sich an einem sonnigen Vormittag unter das Atomium stellt, setzt oder legt, um in den hochglänzenden Kugeln seine verzerrten Spiegelbilder zu suchen.

Heyzel | Boulevard du Centenaire | Metro: Heyzel | www.atomium.be | tgl. 9–20 Uhr

7

NEU ENTDECKT
Darüber spricht ganz Brüssel

Brüssel befindet sich stetig im Wandel: Sehenswürdigkeiten werden eingeweiht, es gibt neue Museen, Galerien und Ausstellungen, Restaurants und Geschäfte eröffnen und ganze Stadtviertel gewinnen an Attraktivität, die Stadt verändert ihr Gesicht. Hier erfahren Sie alles über die jüngsten Entwicklungen – damit Sie keinen dieser aktuell angesagten Orte verpassen.

◀ Tapezierte Decken sind nur eines der nostalgischen Elemente im Le Berger (▶ S. 18).

MUSEEN UND GALERIEN

Musée Fin-de-Siècle ⚔ F 4

Als ambitionierter »Nachfolger« des Museums für moderne Kunst zeigt die im Dezember 2013 eröffnete Ausstellung einen Querschnitt durch Malerei, Bildhauerei, Glaskunst und Design des ausgehenden 19. Jh. in ihrem historischen Kontext. Im Mittelpunkt stehen jene Künstlerzirkel, die ab 1868 und bis 1914 die Debatte über die Moderne in Belgien eröffneten, sowie Exponate aus der bedeutenden Jugendstil-Sammlung Gillion Crowet. Werke von Constantin Meunier, James Ensor, Fernand Khnopff, Victor Horta, Henry van de Velde und vielen anderen bezeugen die branchenübergreifende Kreativität der Epoche.
Mont des Arts | 3, Rue de la Régence | Metro: Gare Centrale | www.fine-arts-museum.be | Di–So 10–17 Uhr

Museum Wiels ⚔ südl. D 6

Junge unkonventionelle Maler, Bildhauer und Videokünstler geben sich als »artists in residence« viel Mühe, die Grenzen des Kunstbegriffs zu sprengen und sich auf keinen Fall in Schubladen quetschen zu lassen. Gelegentlich wirken diese Versuche arg verkrampft … Doch wechselnde Ausstellungen zeitgenössischer Kreativer aus aller Welt halten das künstlerische Niveau in den Räumen der ehemaligen Brauerei Wielemans Ceuppens aufrecht. Gemeinsam mit der günstigen, schlicht-angenehmen Brasserie, die Bio-Salate, Quiches u. a. anbietet, sorgt die Kunst zwischen den alten Kupferkesseln für einen geistig und körperlich sättigenden Besuch.
St-Gilles/Forest | 354, Av. Van Volxem | Tram: 82, 97 Wiels | Tel. 3 40 00 53 | www.wiels.org | Mi–So 11–18 Uhr | Eintritt 8 €

Galerie Paris-Beijing ⚔ E 6

Als Ableger aus Paris hält und fördert die Galerie in den hohen Räumen des ehemaligen Jugendstilhotels Winssinger den inspirierenden Kontakt zur aufstrebenden asiatischen Kunstszene. Schwerpunkte sind aktuelle Fotokunst, vor allem aus China, sowie exzellente Publikationen.
St- Gilles | 66, Rue de l'Hôtel des Monnaies | Metro: Porte de Hal | Tel. 8 51 04 13 | www.galerieparisbeijing.com | Di–Sa 11–19 Uhr

Xavier Hufkens ⚔ südl. G 6

Vor allem junge, vielversprechende Künstler aus dem englischsprachigen Raum finden in der ambitioniert gestalteten Galerie am Rande der Stadt einen kompetenten und bestens vernetzten Brückenkopf in die frankofone Szene.
Ixelles | 6–8, Rue St-Gelorges | Tram: 94 Abbaye | Tel. 6 39 67 30 | www. xavierhufkens.com | Di–Sa 11–18 Uhr

ÜBERNACHTEN

Le Berger   ⚓ F 5

Plüsch und Retrolook – Wer opulentes Ambiente und nostalgischen Flair liebt, fühlt sich in diesem kleinen, renovierten Hotel mit seinem eigenwilligen Jugendstildesign aus den 1930er-Jahren wohl. Wer auf den Retrolook allergisch reagiert und klare Linien bevorzugt, macht bitte einen weiten Bogen …

Ixelles | 24, Rue du Berger | Metro: Louise | www.lebergerhotel.be | Tel. 5 10 83 40 | 66 Zimmer | €€

Meininger Hotel   ⚓ D 3

Funktional und urban – Die coolste Adresse für »Urban Artists« und trendige Stadtnomaden jeden Alters ist ein Backsteinbau am Canal de Charleroi. In den Mauern einer früheren Brauerei wurden funktionale, konsequent barrierefreie Doppel- und Familienzimmer sowie Schlafsäle für meist junge Gruppenreisende mit insgesamt 719 Betten eingerichtet. Eine Gästeküche samt Kühlschrank kann man kostenlos nutzen, im schlichten Bistro gibt es eine Auswahl an Frühstücken und kleinen Speisen. Die Zimmerpreise richten sich nach der Auslastung.

Molenbeek | 33, Quai du Hainaut | www.meininger-hotels.com | Tel. 5 88 14 74 | 150 Zimmer | €€

ESSEN UND TRINKEN

Bla@Bla-Gallery   ⚓ E 5

Mediterrane Dinner mit Programm – Versteckt in einer Nebengasse überrascht die »Galerie« mit feiner französisch-mediterraner Küche, opulentem Sonntagsbrunch, schicker Terrasse im Innenhof und ambitioniertem künstlerischen Rahmenprogramm wie wechselnden Ausstellungen, Jazznights und Dinnerkonzerten.

Marolles | 55, Rue des Cappucins | Metro: Porte de Hal | Tel. 5 63 59 18 | Mo–Sa 19–22.30, So 11.30–14 Uhr Brunch | €€€

Le Frambosier Doré   ⚓ F 6

Alter Eispalast – Täglich frisch, ohne künstliche Aromen, dafür kräftig und originell im Geschmack sind die rund 40 Sorten, die man in diesem altehrwürdigen Tempel des Eisgenusses bestellen kann. Neben den Klassikern gibt es Lavendeleis oder gar die ungewöhnliche Kombination aus Karamell und salziger Butter. Das Sortiment ändert sich saisonal. Außerordentlich köstlich sind die raffinierten Eisbecher, die im Jugendstilsalon im ersten Stock oder im Gartenzimmer serviert werden.

Ixelles | 35, Rue du Bailli | Tram: Defacqz | €

Parvis St-Gilles ⭐   ⚓ F 6

Mittendrin – Seit einigen Sommern ist der große Platz vor der Kirche St-Gilles das offene Wohnzimmer der jungen, kontaktfreudigen Brüsseler. Dicht an dicht stehen Stühle und Tische vor den Kneipen, deren Namen L'Union oder Maison du Peuple daran erinnern, dass die sozialistische Arbeiterbewegung des späten 19. Jh. diesen Stadtteil der kleinen Leute prägte. Noch heute holt man sich sein Bier leger an der Theke, bleibt spontan bei einem improvisierten Gitarrenkonzert hängen und ist vor allem eines: ein Mensch mit Zeit an einem schönen Abend. Übrigens: Wer durchs Quartier streift, sollte die Rue Vanderschrick mit ihren grandiosen Jugendstilfassaden nicht vergessen.

St-Gilles | Metro: Parvis St-Gilles | €

EINKAUFEN

Bio-Markt　　　　　　　　🚩 E5

In einer ehemaligen Weinhandlung im schmucken Backstein-Jugendstil haben nicht nur originelle Start-up-Unternehmen, sondern auch ein kleines Restaurant und ein Supermarkt mit großem Bio-Sortiment ihren attraktiven Platz gefunden. Von Mittwoch bis Sonntag trifft sich dort die qualitäts- und ernährungsbewusste Szene der Südstadt.

Marolles | Atelier des Tanneurs | 58–62, Rue des Tanneurs | Metro: Lemmonier | Tel. 5 48 70 36 | Mi–Fr 11.30–18 Uhr, Sa und So 10–16 Uhr

Chocolatier Laurent Gerbaud　🚩 F4

Ebenso gerne wie mit außergewöhnlichen Zutaten spielt der Schokoladen-Shootingstar mit seinem Image als leicht verwuschelter und immer fröhlicher großer Goldjunge. Exotische Gewürze, hauchdünne Fruchtverzierungen und die perfekte Inszenierung von Schokolade als Luxusgut prägen seinen verführerischen Stil. Dass auch der begleitende Espresso zum süßen Œuvre höchsten Ansprüchen genügt, versteht sich von selbst.

Mont des Arts | 2D, Rue Ravenstein | Metro: Gare Centrale | Tel. 5 11 16 02 | www.chocolatsgerbaud.be | €€

KULTUR UND UNTERHALTUNG

Passa Porta　　　　　　　🚩 E3

Als internationales Literaturzentrum mit hochkarätigen Lesungen und einer gewaltigen Auswahl an englischen und französischen Werken ist der versteckte Superbuchladen gleichzeitig lokales kulturelles Schwergewicht und globaler Geheimtipp für Autoren, Bücherwürmer und Intellektuelle.

Ste-Catherine | 46, Rue Antoine Dansaert | Metro: Bourse | Tel. 2 26 04 54 | www.passaporta.be

🚩 Weitere Neuentdeckungen sind durch dieses Symbol gekennzeichnet.

In der Schokoladenhochburg Brüssel sind Chocolatiers echte Berühmtheiten. Der Shootingstar unter ihnen, Laurent Gerbaud (▶ S. 19), erhebt seine Pralinen zu wahren Luxusgütern.

BRÜSSEL
ERLEBEN

Schokolade ist für den Chocolatier Wittamer
eine Herzensangelegenheit.

ÜBERNACHTEN

*Wenn am Freitag Eurokraten und Konferenzgäste abreisen, locken
die Hotels der Stadt mit Sonderangeboten übers Wochenende.
Originell und individuell pflegen die kleinen Häuser im Retro- und
Designlook ihr urbanes Publikum.*

Mehr als 250 Hotels, Boardinghouses und Pensionen sowie einige Hundert originelle Bed-&-Breakfast-Unterkünfte stehen in Brüssel zur Wahl. Das Angebot reicht vom funktional standardisierten Zimmer für Geschäftsreisende bis zur edlen Suite im Designerlook. Oder vom freundlichen Privathaushalt bis zum schick modernisierten, aber immer noch leicht verplüschten Stadthotel mit Bidet und Blümchentapete, das vor allem Nostalgiker schätzen. Dabei lohnt es sich, auch außerhalb des »Pentagons«, des fünfeckigen, turbulenten Herzens der Stadt zwischen den Ringboulevards, nach einem ruhigen Gästebett zu suchen. Vor allem in den Quartieren südlich von Porte de Hal und Place Louise lebt es sich als Besucher angenehm und günstig. An den Wochenenden und im August, wenn Geschäftsleute und Eurokraten die Stadt verlassen, locken die Hotels mit besonders günstigen Tarifen.

◄ Das Bloom! (▶ S. 24) wurde von jungen Künstlern aus ganz Europa gestaltet.

TAGESAKTUELLE ONLINE-ANGEBOTE

Da immer mehr Hotels ihre Preise tagesaktuell nach der Auslastung richten, bieten Portale im Internet (Links und Apps, ▶ S. 150) den besten Überblick. Günstige Online-Buchungen sind über Anbieter wie www.booking.com, www.hrs.de oder www.tripadvisor.de möglich, die Hoteldatenbank von www.visitbrussels.be ist lückenhaft und nicht immer aktuell. Häufig wird bei den Preisen zwischen Einzel- und Doppelzimmern unterschieden, Einzelzimmer sind aber nur unwesentlich billiger. Bei Doppelzimmern kann man oft zwischen zwei einzelnen (Twin) oder einem französischen Bett (Grandlit) wählen. Häufig wird ein kostenloser Internetzugang angeboten, das Rauchen ist auf den Zimmern generell verboten.

Das Frühstück ist vor allem bei kurzfristigen Angeboten häufig nicht im Preis enthalten. Gegen Zuzahlung gibt es Kaffee, Tee, Saft, Croissants, Brötchen, Butter und Marmelade. Größere Hotels dagegen bieten ein reichhaltiges Selbstbedienungsbuffet an. Bei Abreise wird zusätzlich zum Zimmerpreis die City Tax, 6 % des Rechnungsbetrags, kassiert. Die Häuser der Drei- und Vier-Sterne-Kategorie akzeptieren die gängigen Kreditkarten, in einfacheren Unterkünften muss man bar bezahlen. Bei der kurzfristigen Suche nach einem Nachtquartier helfen auch die Mitarbeiter im Brussels Info Place (bip, ▶ S. 71) am Mont des Arts.

Im Folgenden finden Sie eine Auswahl an exklusiven und originellen Unterkünften, die auch die Vielfalt des Zimmerangebots in der belgischen Hauptstadt widerspiegeln.

BESONDERE EMPFEHLUNGEN

Atlas ◢◤ E 3

Großzügige Zimmer – Zwei renovierte alte, schöne Häuser nur wenige Minuten vom alten Fischmarkt und der Innenstadt entfernt mit großen, hellen Zimmern, teilweise mit Kochnische. Garage im Haus.

St-Géry | 30, Rue du Vieux Marché aux Grains | Metro: Bourse | Tel. 5 02 60 06 | www.atlas-hotel.be | 88 Zimmer | ♿ | €€

Le Berger 🚩 ◢◤ F 5

Plüschig nostalgisch – Wer opulentes Ambiente und nostalgisches Flair liebt, fühlt sich in diesem kleinen, renovierten Hotel mit seinem eigenwilligen Jugendstildesign aus den 1930er-Jahren wohl. Wer auf den Retrolook allergisch reagiert und klare Linien bevorzugt, macht bitte einen weiten Bogen …

Ixelles | 24, Rue du Berger | Metro: Louise | www.lebergerhotel.be | Tel. 5 10 83 40 | 66 Zimmer | €€

Bloom! 🔖 G 3

Bunte Blütendeko – Trendy, kosmopolitisch und großzügig präsentiert sich der Shootingstar der Brüsseler Hotelszene seinen Gästen aus aller Welt. Bester Service, zentrale Lage und blumigbunte, künstlerisch gestaltete Zimmer zu fairen Preisen machen gute Laune.
St-Josse | 250, Rue Royale | Metro: Botanique | Tel. 2 20 66 21 | www.hotel bloom.com | 305 Zimmer ♿ | €€

Château de Limelette 🔖 südöstl. K 6

Schlosshotel mit Spa – Fachwerkschlösschen mit exquisitem Bade- und Wellnessangebot, etwa 25 km südöstlich bei Ottignies-Louvain-La-Neuve.
Limelette | 87, Rue Charles Dubois | Tel. 10/42 19 99 | www.chateau-de-limelette.be | 88 Zimmer | €€€€

Comfort Art Hotel Siru 🔖 F 2

Individuelles Design – Übernachten mal anders: Über 100 belgische Künstler waren an der Innen- und Außenausstattung beteiligt und jeder Raum steht unter einem Motto wie »Allein am Abend« oder »Besondere Begegnung«. In der Tat trifft man in diesem Haus auch ungewöhnliche Menschen.
St-Josse | 1, Pl. Rogier | Metro: Rogier | Tel. 2 03 35 80 | 101 Zimmer | ♿ | €€€

Designhotel Monty 🔖 K 4

Klassisch-kreativ – Eine Plastikkuh am Eingang verspricht Überraschungen – und wirklich, die 18 originellen Zimmer stecken voller Details aus den weltbekannten Designwerkstätten von Ingo Maurer, Philippe Starck und vielen anderen. Eine ausgefallene Adresse, auch wenn einige Zimmer zur lauten Straße hin liegen.

Etterbeek | 101, Bvd. Brand Whitlock | Metro: George Henri | Tel. 7 34 56 36 | www.monty-hotel.be | 18 Zimmer, 3 Apartments | €€€

Le Dôme 🔖 F 2/3

Klassischer Jugendstil – Edel, ohne kitschig zu sein. In jedem Zimmer hängt eine Reproduktion von Gustav Klimt.
St-Josse | 13, Bd. du Jardin Botanique | Metro: Botanique | Tel. 2 18 06 80 | www. hotel-le-dome.be | 125 Zimmer | €€€

Dominican 🔖 F 3

Opulenter Luxus – In den Mauern des mittelalterlichen Dominikanerklosters gestalteten die Amsterdamer Kultdesigner von FG Stijl eine Luxusoase mit schweren Vorhängen und edlen Orchideen. Unerwartet günstige Arrangements zeigen, dass es auch in den besten Häusern Buchungsflauten gibt.
Zentrum | 9, Rue Léopold | Metro: Bourse | Tel. 2 03 08 08 | www.thedominican.be | 150 Zimmer | ♿ | €€€€

Meininger Hotel 🚩 🔖 D 3

Funktional und urban – Die coolste Adresse für »Urban Artists« und trendige Stadtnomaden jeden Alters ist ein Backsteinbau am Canal de Charleroi. In den Mauern einer früheren Brauerei wurden funktionale, konsequent barrierefreie Doppel- und Familienzimmer sowie Schlafsäle für meist junge Gruppenreisende mit insgesamt 719 Betten eingerichtet. Eine Gästeküche samt Kühlschrank kann man kostenlos nutzen, im schlichten Bistro gibt es eine Auswahl an Frühstücken und kleinen Speisen. Die Zimmerpreise richten sich nach der Auslastung.

Molenbeek | 33, Quai du Hainant | www.meininger-hotels.com | Tel. 5 88 14 74 | 150 Zimmer | €€

The Moon   F 4

Ideal für Nachtschwärmer – Zentral gelegenes, dezent flippig eingerichtetes Haus für Nachtschwärmer ohne gehobene Ansprüche; kein Aufzug.

Zentrum | 4b, Rue de la Montagne | Metro: Gare Centrale | Tel. 5 08 15 80 | www.hotelthemoon.com | 17 Zimmer | €

Pacific   F 4

Kräftige Kontraste – Am besten sagt man schon bei der Buchung, ob man kräftige Farben oder reduzierte Eleganz bevorzugt, denn die Kreativität von Gestalterin Mia Zia hat viele Facetten, mit denen sie das kleine Hotel im Mode- und Designviertel gestaltet hat.

Ste-Catherine | 57, Rue Antoine Dansaert | Metro: De Brouckère | Tel. 2 13 00 80 | www.hotelcafepacific.com | 12 Zimmer | €€

Rembrandt   F 5

Angenehme Atmosphäre – Ein stilvoll renoviertes, nostalgisches Haus in einem ruhigen Sträßchen mitten im Stadtteil Ixelles gelegen. Für das gebotene Ambiente ist die Übernachtung sehr preiswert. Alter Brüsseler Charme.

Ixelles | 42, Rue de la Concorde | Metro: Louise | Tel. 5 12 71 39 | www.hotelrembrandt.be | 13 Zimmer | €

Royal Windsor   F 5

Originelle Fashion Rooms – Viel Stil und originelle Details sowie zehn von belgischen Designern gestaltete Fashion Rooms zeichnen dieses gediegene Luxushotel in bester Lage aus.

Ilôt Sacré | 5, Rue Duquesnoy | Metro: Gare Centrale | Tel. 5 05 55 55 | www.royalwindsorbrussels.com | 246 Zimmer, 18 Suiten | ♿ | €€€

Vintage   F 5

Back to the 60ies! – Im aktuellen Retro-trend hat Designer Michel Pennemann ein gewöhnliches Wohnhaus in eine freundliche Zeitblase für nostalgische Stadtnomaden verwandelt, inklusive psychedelischer Tapeten. Eine hübsche Weinbar im Innenhof macht die Reise in die Vergangenheit perfekt.

St-Gilles | 45, Av. Dejoncker | Metro: Louise | Tel. 5 33 99 80 | www.vintage-hotel.be | 29 Zimmer | €€

Welcome   E 3

Weltreise-Zimmer – Individuell präsentiert sich das exotische Refugium in der Nähe des Fischmarktes. Jedes der 17 Zimmer ist im Stil einer fremdländischen Region dekoriert: Sansibar, Tibet, Marokko oder Bali liegen Tür an Tür …

Ste-Catherine | 2, Quai au Bois-à-Bruler | Metro: Ste-Catherine | Tel. 2 19 95 46 | www.hotelwelcome.com | 17 Zimmer | €€

Privatunterkünfte

Immer mehr Privatleute bieten Gästezimmer an. Die Preise bewegen sich zwischen 50 € und 130 €, das Frühstück ist meist eingeschlossen. Vermittelt werden die Zimmer von

Bed & Brussels   G 5

78, Rue Goffart | Tel. 6 46 07 37 | www.bnb-brussels.be

Preise für ein Doppelzimmer mit Frühstück:

€€€€	ab 240 €	€€€	ab 150 €
€€	ab 90 €	€	bis 90 €

ESSEN UND TRINKEN

Die Brüsseler und ihre Gäste essen gerne gut, und das möglichst jeden Abend in üppigen Portionen. Bei der – vergleichsweise günstigen – kulinarischen Fülle aus aller Welt fällt Gourmands die Wahl des gewünschten Gerichts mitunter schwer.

Französische Raffinesse und orientalische Geschmacksexplosion, zentral-afrikanische Hausmannskost oder italienische Klassiker – Gaumenfreuden locken in Brüssel an jeder Ecke und meist in sehr guter Qualität. Wer's urig-landestypisch mag, probiert Muscheln in Biersud mit Pommes, wer auch im Urlaub gesund leben will, lässt sich vegetarisch verwöhnen. Das Angebot ist so vielfältig, dass Genießer in Entscheidungsnöte geraten.

Die Brüsseler – und viele ihrer Gäste – essen gerne gut, und das in üppigen Portionen. Mittags und abends ab ca. 20 Uhr sind die Lokale voll, auch die feinen Restaurants werden von »ganz normalen Menschen« besucht. Mehrgängige Tagesmenüs sind relativ günstig. Geld für gutes Essen auszugeben gilt in Belgiens Hauptstadt zweifellos als Tugend. Brüssels Zentrum der Gastronomie sind die Gassen neben der Grand' Place. Opulent und manchmal sogar aufdringlich werden im »Bauch von Brüs-

◀ Eine übergroße Bronzeskulptur von Arnaud Quinze dominiert das Kwint (▶ S. 28).

sel« an der Rue Marché aux Herbes Berge von Fischen, Meeresfrüchten und Wild zur Schau gestellt. Allerdings sollte man aufpassen: Penetrant werbende Kellner, oft wechselnde Wirte und Köche sowie abenteuerliche Preiskalkulationen verderben arglosen Gästen mitunter das Menü.

TRADITION MIT FINESSE

Die traditionelle Brüsseler Küche ist geprägt von den regionalen belgischen Einflüssen und wird gekrönt durch einen kräftigen Schlag französischer Kochkunst. Basis sind Fisch, Meeresfrüchte, Geflügel und – während der Jagdsaison – Wild aller Art. Die Fische kommen aus der belgischen Hafenstadt Ostende, die Meeresfrüchte meist aus der niederländischen Provinz Zeeland. Rehe, Hirsche, Hasen, Wildschweine und Fasane stammen aus den Ardennen.

Ganzjährig beliebt sind Miesmuscheln. Auch in Spitzenrestaurants werden sie als »moules-frites« mit Pommes frites serviert, sodass manch zugereister Feinschmecker anfangs die Nase rümpft. Für die – nach belgischer Überzeugung einzig richtige – Zubereitung der knusprigen Beilage verwendet man halbfeste Kartoffeln und ausschließlich Rinderfett. Zwei Frittiergänge garantieren den herzhaft-krossen Biss.

Die typischen Vorspeisen unterscheiden sich kaum von den französischen: Pasteten aller Art, vor allem natürlich aus Wild. Im Sommer stehen bunte Salate, in den kalten Monaten deftige, sämige Suppen auf der Tageskarte. Bei den Hauptspeisen haben die Belgier einige Klassiker kreiert. Der »Waterzooi« ist eine Hühner- oder Fischsuppe mit viel Gemüse und Sahne. Zum Nachtisch kommt flandrischer Hartkäse auf den Tisch. Und natürlich Süßspeisen: Typisch sind »gaufres«, frisch gebackene Waffeln, die man an fast jeder Straßenecke kaufen kann.

ECKKNEIPEN KREDENZEN QUALITÄTSWEINE

Über 350 Sorten Bier werden heute noch in Belgien gebraut, meist sind diese Spezialitäten stark, süffig und herb im Abgang. Die bekanntesten sind Kloster-, vor allem Trappistenbiere sowie das säuerliche »Gueuze«, das man mit Zucker und Fruchtzusätzen variieren kann. Jedes Bier wird in einem speziellen Glas serviert, sodass eine Verkostung auch optisch sehr abwechslungsreich ist. Wegen der Nähe zu Frankreich und der vielen hochkarätigen (Geschäfts-)Reisenden ist Brüssel auch für Weinkenner ein kleines Paradies. Sogar Eckkneipen haben eine erstaunlich umfangreiche Weinkarte – aber manchmal nicht das passende Glas.

Die Preise für Speis und Trank sind im Schnitt niedriger als in anderen europäischen Metropolen – und die Qualität ist zuverlässig hoch, wenn man von den schnöden Touristenfallen im »Bauch von Brüssel« einmal absieht und sich dort einen Tisch sichert, wo bereits gut gelaunt speisende belgische Gäste sitzen.

Aufgrund der vielen Wochenendheimfahrer sind einige Lokale Samstag mittags und sonntags geschlossen. Aktuelle Gastrotipps: www.resto.be

BESONDERE EMPFEHLUNGEN

Au Bon Bol 🔖 E3

Nudelsuppenspezialist – Nudelhaus am Rand von Chinatown. Üppige Portionen, hausgemachte Brühe und viel frisches Gemüse mit flottem Service.
St-Géry | 9, Rue Paul Devaux | Metro: Bourse | Mo–Sa 11–15 und 18–23 Uhr | €

Aux Armes de Bruxelles 🔖 F3

Beständig, bodenständig, belgisch – Seit 1921 der Klassiker unter den Restaurants im »Bauch von Brüssel«. Beständig gut und bestens besucht, bietet die Wirtedynastie der Veulemans bodenständig belgische Kost auf hohem Niveau: Waterzooi, Muscheln, frischen Fisch und zarte Steaks.
Ilôt Sacré | 13, Rue des Bouchers | Metro: Bourse | Tel. 5 11 55 50 | www.auxarmesdebruxelles.be | Mo–Fr 12–22.45, Sa 12–23, So 12–22.30 Uhr | €€€

Bread and Bento 🔖 E4

Festivalküche – Das schicke kleine Restaurant im Tanz- und Eventtheater »Les Brigittines« rundet die spektakulären Veranstaltungsabende mit tagesaktuellen, unschlagbar günstigen Menüs ab. Die Öffnungszeiten sind auf das Programm abgestimmt und man kommt sehr schnell mit Gleichgesinnten in Kontakt, vor allem bei Festivals.
Sablon | 1, Petit rue des Brigittines | Tram: 92, 93 Sablon | www.brigittines.be | Reservierungen vor den Abendvorstellungen unter Tel. 2 13 86 10 obligatorisch | €

Kwint 🔖 F4

Edelbrasserie – Französische Haut Cuisine mit grandiosem Ausblick und perfektem Service garantiert der Edelbrasserie am Kongresspalais einen Spitzenplatz in der Brüsseler Gastroszene. Neben Kaviar und Austern gibt es feine Suppen, raffinierte Amusegueules und eine exzellente Auswahl an französischen Weinen.
Mont des Arts | 1, Mont des Arts | Metro: Gare Centrale | www.kwintbrussels.com | Reservierungen Tel. 5 05 95 95 | So–Fr 12–14.30 und 18–23.30, Sa 18–23.30 Uhr | €€€€

La Maison du Cygne 🔖 F4

Topküche an der Grand'Place – Seit Jahrzehnten eines der besten Restaurants in Brüssel. Gekocht wird klassisch belgisch auf bester französischer Grundlage, wofür Maître Donald Lori-

Das Bierbrauen hat in Belgien lange Tradition. Gelagert wird hier das säuerliche »Gueuze«, dem in Brüssel sogar ein eigenes Museum gewidmet ist (▶ S. 116).

aux seit Jahren bürgt. Diese Beständigkeit auf höchstem Niveau macht das prächtige Haus an der Grand' Place so liebenswert, ebenso der schöne Blick und der höflich-perfekte Service.
Ilôt Sacré | 2, Rue Charles Buls | Metro: Bourse | Tel. 5 11 82 44 | www.lamaisonducygne.be | Mo–Fr 10–1, Sa 19–1 Uhr | €€€

Senzanome G 2
Edelstitaliener – Authentisch und kreativ, opulent, intensiv und trotzdem leicht … Gourmets geraten ins Schwärmen und preisen den Sizilianer Giovanni Bruno wegen seiner Kochkunst als »besten Italiener in Europa – außerhalb Italiens«. Mit seiner Frau Nadia hält er das Lokal seit 20 Jahren auf höchstem Niveau und bleibt trotzdem ein bodenständiger Gastgeber.

Schaerbeek | 22, Rue Royale Ste-Marie | Tram: 92, Ste-Marie | www.senzanome.be | Reservierungen Tel. 2 23 16 17 | Mo 12–13.30 und 19–21 Uhr | €€€–€€€€

Slurps G 6
Vegetarisch-innovativ – Ayurvedisch-vegetarischer Geheimtipp mit frischen Snacks, Catering-Service, einem Laden für biologisch zertifizierte Ingredienzien und einer bunten Palette an Kochkursen.
Ixelles | 7, Rue Dautzenberg | www.slurps.be | Tel. 04 77 92 74 11 | €€

Weitere empfehlenswerte Adressen finden Sie im Kapitel **BRÜSSEL ERKUNDEN**.
Preise für ein dreigängiges Menü:

| €€€€ | ab 90 € | €€€ | ab 60 € |
| €€ | ab 30 € | € | bis 30 € |

Grüner reisen
Urlaub nachhaltig genießen

Wer zu Hause umweltbewusst lebt, möchte vielleicht auch im Urlaub Menschen unterstützen, denen ein verantwortungsvoller Umgang mit der Natur am Herzen liegt. Empfehlenswerte Projekte, mit denen Sie sich und der Umwelt einen Gefallen tun können, finden Sie hier.

Zugegeben, auf der Brüsseler Prioritätenliste stehen Naturschutz und nachhaltige Lebensweise noch nicht an erster Stelle. Aber wie in jeder modernen Metropole gibt es einfallsreiche Pioniere und das zarte Pflänzchen »Bio« hat längst Wurzeln geschlagen in der Stadt der Eurokraten. Erste Blüten sind zu sehen: Vor allem beim Thema Nahrungsmittel sind die Brüsseler schon aus Tradition qualitätsbewusst und sensibel. Für ihre Mägen ist ihnen das Beste, Frischeste, Aromatischste gerade gut genug, was jeder Spaziergang über die Märkte der Stadt beweist. Ein Koch, der seine Speisekarte mit Prädikaten wie »Frisch vom Land« oder »Garantiert ohne chemische Zusätze« schmückt, macht sich eher verdächtig: Warum hat er es nötig, solche Selbstverständlichkeiten extra zu betonen?

Komplexer ist das Thema Umweltschutz. Lange sind Fragen zur Müll- und Abwasserentsorgung, zur Feinstaubbelastung und zum Verkehrschaos im bürokratischen Nirwana der 19 Gemeinden verendet, seit einigen Jahren aber wächst die Einsicht, dass eine intakte Umwelt ein Garant für Lebensqualität ist. Ein Verkehrskonzept ermöglicht Tramlinien und Bussen die Vorfahrt, die Metro wird modernisiert und überall rollen die weißen Leihfahrräder. Der Schmutz auf den Trottoirs verschwindet, nur Zigarettenkippen häufen sich seit dem generellen Rauchverbot in öffentlichen Räumen. Männer in Signalwesten entrümpeln Parks und stopfen Schlaglöcher. Es geht voran. Auch der Wanderweg durch die Parks und Wälder am Stadtrand, die »Promenade Verte«, ist daher prächtige Blüte des Brüsseler Bio-Pflänzchens, beweist sie doch die gedeihliche Zusammenarbeit über Gemeindegrenzen hinweg.

ESSEN UND TRINKEN

Den Teepot 🍃 E3

Seinen Ruf als bester, zentraler Bio-Laden der Stadt verteidigt Den Teepot mit gut gelauntem Personal, umfangreichem Sortiment, zu dem natürlich auch Bio-Pralinen aus fair gehandeltem Kakao und heimischer Produktion zählen, sowie einem Kühlraum für Gemüse und Früchte. Vollkorngebäck und belgische Käsespezialitäten bieten sich für eine gesunde Pause beim Stadtbummel an. Wer keine Lust auf Picknick hat und auch nicht selber kochen will, kann zur Mittagszeit im angeschlossenen Restaurant im ersten Stock zu zivilen Preisen delikate Gerichte aus der vegan-makrobiotischen Küche mit fernöstlicher Note genießen.

Ilôt Sacré | 66, Rue des Chartreux | Metro: Bourse | Laden: Mo–Sa 8.30–19 Uhr | Restaurant: Mo–Sa 12–14 Uhr | €

EINKAUFEN

Bio-Markt Place Ste-Catherine
🍃 F 3/4

Wenn der Käsehändler Ignace Sepulchre und seine Kollegen jeden Mittwoch morgens um 7 Uhr ihre mobilen Verkaufsbuden auf der Place Ste-Catherine in die richtige Position rangieren, wissen die Feinschmecker aus dem Stadtzentrum: Es gibt originelle und tagesfrische Produkte aus den Höfen der flämischen und wallonischen Bio-Bauern: Brennnesselpesto und Kräuterhumus vom weit gereisten Olivier De Visscher, junger Gouda und knackige Karotten von der Coopérative de l'Yerne. Die Auswahl an biologischen Erzeugnissen wächst stetig, auch in anderen Vierteln etablieren sich Bio-Märkte. Die Preise sind günstiger als in anderen europäischen Großstädten.

Ilôt Sacré | Metro: Ste-Catherine | Mi 7.30–15 Uhr

Naturellement 🍃 E2

In den Mauern einer alten Gerberei bietet das Kaufhaus für Naturprodukte auf drei Stockwerken eine umfassende Auswahl an ästhetischen, gesundheitsfördernden und nachhaltig produzierten Pflegeprodukten, Möbeln, Wohn- sowie Küchenaccessoires.

Kaaiviertel | 48A, Quai du Commerce | Metro: Yzer | www.naturellement.be

KULTUR UND UNTERHALTUNG

Recyclart Fabric 🍃 F5

Kunst aus Schrott, das kennt man. Aber wo sonst gäbe es ein Kulturzentrum, das sich dem großen Thema »Recycling« und seinen ungeahnten Möglichkeiten verschrieben hätte, wenn nicht unter einer Hochbrücke aus Spannbeton am Bahnhof Brüssel-Chapelle? Inspiriert von den fantasievollen Drahtspielzeugen afrikanischer Bastler und Lkw-Reifen, die in Kambodscha zu Abfalleimern gebogen werden, bauen die ungestümen Künstler aus der Recyclart Fabric begrünte Metalltürme, bunt lackierte Spielmöbel für langweilige Plätze und kreative Unikate für das modernistische Interior Design der urbanen Elite. Marc Jacobs, der künstlerische Direktor, versteht die kreative Fabrik als »Lokomotive für jede Form von Innovation«, schließlich entstand das Projekt 1997, um eine urbane Ödnis wiederzubeleben. Das hat zwar nichts mit Umweltschutz im engeren Sinn zu tun, aber viel mit Lebens- und Arbeitsqualität für die alternative Kulturszene. Zudem kann man von Dienstag bis Freitag in der Recyclart Bar günstig zu Mittag essen, auch vegetarische Gerichte.

Marolles | Station Chapelle | Metro: Lemonnier | www.recyclart.be

FESTE UND EVENTS

Les Bains ⚓ E 2–F1

Wer muss schon an die Nordsee fahren, wenn der Strand so nahe ist? Nördlich der Place Sainctelette, wo der in Bronze gegossene Comic-Wachtmeister »Agent 15« in vollem Lauf auf seinem Sockel festgeschweißt ist, drängen sich von Anfang Juli bis Mitte August die Brüsseler auf einer feinen Schicht Sand am Canal de Bruxelles. In Les Bains können die Städter Sonne tanken, Sandburgen bauen, Boot fahren und bunte Drinks schlürfen. Statt Meeresrauschen erfüllen DJs mit ihren Sounds die Luft, Animateure halten die lieben Kleinen bei Laune. Urlaub mitten in der Stadt!

St-Josse/Kaaiviertel | Metro: Yser | www.bruxelleslesbains.be | Di–So 11–22 Uhr, Fr und Sa bis 23 Uhr

Semaine Bio ⚓ F 3/4

In ganz Belgien wirbt das Bio-Forum jedes Jahr Mitte Juni eine Woche lang für nachhaltige Lebensweise und naturbelassene Nahrungsmittelproduktion. Mit kurzen Gourmand-Spaziergängen, reizvollen Gemüse-Kochkursen, mit Degustationen und einer Menge Infomaterial macht es auch auf der Grand' Place Werbung für wirklich gesundes Essen, nachwachsende Rohstoffe und eine ökologische Bauweise. Langsam dringen diese Themen in das Bewusstsein der Belgier vor.

Ilôt Sacré | Metro: Gare Centrale | www.semainebio.be | Mitte Juni

AKTIVITÄTEN

Pro Velo – Jugendstil auf Rädern ⚓ G 5

Eine luftige, gesunde und umweltverträgliche Variante, die einzigartigen Jugendstilfassaden von Ixelles zu bewundern, ist eine Fahrradtour durch die schicken Straßen südlich der Avenue Louise bis zum Park Bois de la Cambre. Solide Tourenfahrräder, Fahrradhelme und einen Stadtplan des Viertels samt Routenvorschlag erhält man bei Pro Velo. Wer nicht alleine in die Pedale treten will, kann sich auch einer geführten Tour anschließen und erfährt dabei im Vorüberrollen noch viele Anekdoten und Hintergrundinformationen über die Architekten Horta, Hannon Cauchie und Co.

Ixelles | 15, Rue de Londres | Metro: Trône | Tel. 5 02 73 55 | www.provelo.org

Promenade Verte ⚓ F1

Der 63 km lange, weitgehend barrierefrei ausgebaute und übersichtlich ausgeschilderte Spazierweg Promenade Verte, der durch die Parks und Gartenanlagen der Metropole führt, zeigt Freizeitwanderern und Fahrradfahrern eine neue Dimension des Brüssel-Feelings. Auf dem »Grünen Spaziergang« durch touristisch weitgehend unbekannte Zonen des Hauptstadt-Konglomerats wechseln sich Waldflecken und sumpfige Wiesen ab mit jahrhundertealten Landschaftsparks und biederen Schrebergärten. Für dieses Projekt wurden einige der bisher unbekannten Brüsseler Grünzonen wie der Parc Duden in Anderlecht oder der große Hauptfriedhof von Brüssel mit etablierten Wegvarianten wie der Promenade du Chemin de Fer kombiniert, einer ehemaligen Bahntrasse in Wolu-

we. Dort, wo der Grüngürtel Lücken aufweist, werden Fußgänger und Radfahrer auf wenig befahrenen Wegen durch Wohnviertel jenseits der touristischen Routen geleitet. Abstecher zu Museen, Denkmälern und Abenteuerspielplätzen, zu versteckten Ausflugslokalen und urigen »Cités Jardins«, den Kleingartenanlagen der einfachen Brüsseler, machen die Tour zu einem abwechslungsreichen und einzigartigen Naturerlebnis mit völlig neuen Perspektiven.

Der Weg ist in sieben Abschnitte von fünf bis zehn Kilometer Länge unterteilt. Wer sich nicht drei bis vier Tage Zeit zum Metropolentrekking nehmen kann, erreicht die einzelnen Abschnitte der Promenade Verte problemlos auch mit öffentlichen Verkehrsmitteln. Auf der Internetseite www.promenade-verte.be steht eine ausführliche Broschüre, die die Streckenführung erklärt, zum Download bereit.

www.promenade-verte.be

Brüssel lässt sich gut mit dem Fahrrad erkunden. Spannende Routenvorschläge und geführte Touren auf dem Drahtesel hat z. B. Pro Velo (▶ S. 32) im Programm.

EINKAUFEN

Vorsicht, Hüftgold und Spontankäufe! Feinste Schokoladenkreationen, filigrane Törtchen und knallbunte Macarons verführen Brüssels Besucher zu lustvollen Streifzügen durch die Welt der Kaloriensünden. Auch darüber hinaus lässt sich so manche Besonderheit erstehen.

Außerhalb des touristischen Herzens rund um die Grand' Place stößt man beim Bummeln durch die Quartiere immer wieder auf originelle Trödel- und Antiquitätenläden, Vintage-Boutiquen, in denen Kleidungsstücke mit Gebrauchsspuren gleich kiloweise verkauft werden, sowie auf die Concept Stores junger Mode- und Industriedesigner.

AUSGEFALLEN UND EDEL TÜR AN TÜR

Erstaunlich günstig ist vor allem das Angebot an französischer und italienischer Herrenmode, während stilbewusste Damen bei den belgischen Kreativen lustvoll wählen können. Die wichtigsten Modegeschäfte liegen nahe der Börse an der Rue Antoine Dansaert und Rue des Chartreux, wo es in vielen kleinen Boutiquen witzige und ausgefallene Sachen gibt, sowie in der Avenue Louise, wo Exklusives und Edles zum Verkauf steht.

◀ In Ste-Catherine verkauft Christophe Coppens seine extravaganten Hüte (▶ S. 36).

Mondäne Einkaufsmeilen jedoch wie in Rom, Paris oder Düsseldorf gibt es in Brüssel nicht. Hier bestimmt der unkonventionelle Mix den Reiz. Echte Brüsseler Spitze ist teuer und antiquiert, günstige Imitate kommen aus Fernost. Übrigens: Auch bei Schokolade gibt es gewaltige Preis- und Qualitätsunterschiede. Der Clou für Genießer sind die internationalen Lebensmittelmärkte in den Quartieren und vor allem der Marché du Midi am Sonntagmorgen – ein lauter, sinnenfroher orientalischer Bazar mitten im Herzen Europas.

In Brüssel gibt es keine gesetzlichen Ladenschlusszeiten. In der Regel haben die Geschäfte wochentags inklusive samstags von 10 bis 18 Uhr geöffnet; Bäckereien auch am Sonntagvormittag. Rund um die Grand' Place kann man abends bis 20 Uhr shoppen, in den Stadtvierteln sind viele Boutiquen erst ab 11 Uhr geöffnet.

BESONDERE EMPFEHLUNGEN
BÜCHER UND KARTEN
Comics Café ⚑ F 4

Die Kombination aus 100 Jahren Comic-Geschichte, Merchandising-Souvenirs von Batman, Suske en Wiske, vom Marsupilami und Uderzos schlagkräftigen Galliern Asterix & Obelix sowie ein fröhlich-buntes Café mit einer großen Auswahl an Riesenburgern beeindruckt nicht nur die Fans der markanten Bildergeschichten aus Brüssel und dem Rest der Welt.

Sablon | 8, Pl. du Grand Sablon | Metro: Gare Centrale | www.comicscafe.be | tgl. 7–24 Uhr

Plaizier ⚑ F 4

Seit 35 Jahren spezialisiert auf hochwertige und originelle Karten, Poster sowie Kalender und historische Fotos, die in kleiner Auflage produziert werden.

Zentrum | 50, Rue des Eperonniers | Metro: Gare Centrale | www.plaizier.be

GESCHENKE UND KUNSTHANDWERK
Toit ⚑ E 3

Schon beim Betreten des fröhlich-bunten Geschäfts steigt die Laune. Ungewöhnliche Mitbringsel, oft Unikate und Sondereditionen, erhält man in diesem bunt gemischten Sammelsurium aus Geschenkideen, Luxuskrimskrams und unglaublich fantasievollem Kunsthandwerk.

St-Géry | 46, Rue des Chartreux | Metro: Bourse | www.toit-bruxelles.be

Tropismes Libraire   1

Die Schatztruhe für frankophile Bücherfreunde liegt zentral in der Galerie des Princes. Dort stapeln sich prächtige Bildbände, rare Übersetzungen, belgische Gegenwartsliteratur und natürlich auch eine Comic-Sammlung, die sich sehen lassen kann (▶ S. 12).

KÜCHENACCESSOIRES
International Home of Cooking ⚓ F 6

Ein Traum für Hobbyköche. Hochwertige Töpfe und Küchenmaschinen, die ganze Fülle von Backformen und Spezialmessern, ein breites Sortiment von Kochbüchern und Kulinarik-Kleinkram warten übersichtlich und penibel aufgereiht auf Freizeitpatissiers, Muffinköniginnen und leidenschaftliche Pfannenschwenker. Nur das Talent am Herd lässt sich dort nicht kaufen. Leider. Die Filiale in der Rue Léopold ist unübersichtlich, auf Laufkundschaft ausgerichtet; bestens beraten wird man im Stammhaus in St-Gilles.

St-Gilles | 10, Chaussée de Charleroi | Tram: 92, 97 Faider | www.homeof cooking.com | Mo–Sa 10–17 Uhr

Vintage-Markt St-Géry ②

Jeden zweiten Sonntag im Monat stapeln sich in der prächtigen gusseisernen Markthalle von St-Géry gebrauchte Kleidungsstücke, Schuhe, Gürtel, Hüte und andere Accessoires (▶ S. 12).

LEBENSMITTEL
Crèmerie de Linkebeek ⚓ E 3

Käsehimmel – Die älteste und nach wie vor beste Käsefachhandlung der Stadt beliefert nicht nur Spitzenköche, sondern verführt den ganz normalen Feinschmecker zu teils verwegenen Geschmacksexkursionen in die Welt der Milchprodukte. Vor allem die kräftigen Ziegenkäse und steinalt gereifte Rohmilchlaibe sind köstliche Raritäten, von der bestens erhaltenen nostal-

gischen Ladeneinrichtung aus dem Jahr 1902 ganz zu schweigen …

Ste-Catherine | 4, Rue du Vieux Marché aux Grains | Metro: Ste-Catherine

MÄRKTE
Marché du Midi ⚓ E 5

Früh am Sonntagmorgen bauen an der Gare du Midi Händler aus der halben Welt ihre Verkaufsstände auf. Orientalische Düfte ziehen über den riesigen Markt, auf dem vor allem Lebensmittel und Gebrauchsgegenstände angeboten werden. Je nach Saison kommen Bauern aus Flandern, Jäger aus den Ardennen, Fischer von der Küste, um neben italienischer Feinkost und Bergen von Gemüse des Feinschmeckers Herz und Magen zu erfreuen. Allerdings ist das orientalische Gedränge in Kombination mit dem babylonischen Sprachgewirr der Marktschreier und der Reizüberflutung durch Ramschware und Sonderangebote alles andere als entspannend.

Zentrum | Gare du Midi | So 6–13 Uhr

MODE UND ACCESSOIRES
Christophe Coppens ⚓ E 3

Er versteht sich eher als Künstler, pendelt zwischen Knokke und Los Angeles und erfreut neben den Stars auch modemutige Trendsetter mit einzigartigem Kopfschmuck. Man muss nicht Lady Gaga sein, um das Opus des Jungdesigners zu tragen, aber es würde helfen …

Ste-Catherine | 22, Marché-aux-Grains | Metro: Bourse | www.christophe coppens.com

Francis Ferent ⚓ F 5

Elegant, individuell, topaktuell und immer günstiger als in Paris, London,

Mailand oder New York präsentieren die drei Brüsseler Luxusboutiquen internationale und belgische Mode sowie die passenden Accessoires. Werden im mondänen Flagshipstore in der schicken Avenue Louise vor allem kompromisslose Fashionistas fündig, können Kunden mit Geschmack und etwas begrenztem Budget in Fort Jaco und der Galerie Louise neue Lieblingsstücke entdecken.

Ixelles | 60, Av. Louise und Galerie Louise | Metro: Louise | www.ferent. be | Mo–Sa 10–18 Uhr

Kaat Tilley F 3

Energiegeladen, individuell und einfallsreich bis ins letzte Detail setzt diese Modeschöpferin sich, ihre Kreationen und die progressiv-mondäne Kundschaft ständig neu in Szene.

Ilôt Sacré | 4, Galerie de Roi | Metro: Bourse

Les Tartes de Françoise

Der Duft von frischen Apfeltartes und Käsequiches weist den Weg. Wer das süße Schlaraffenland gefunden hat, knabbert selig an den feinsaftigen Köstlichkeiten (▶ S. 13).

SCHOKOLADE
Passion Chocolat F 4

Süße Leidenschaft in Perfektion. Chocolatier Massimo Ori bezaubert mit hauchdünnen Hochgenüssen in Vollmilch und Zartbitter. Die Feuilletines mit Thymian oder gesalzenen Mandelflocken sind jede Sünde wert.

Sablon | 24, Rue Bodenbroek | Metro: Gare Centrale | www.planetechocolat. be | Mo–Sa 10–19, So 10–18 Uhr

Weitere Geschäfte und Märkte finden Sie im Kapitel BRÜSSEL ERKUNDEN.

Längst ist die Chocolaterie in Brüssel zur kulinarischen Kunstform herangewachsen. Zu ihren Virtuosen zählen Frederic Blondeel (▶ S. 99) und Massimo Ori im Passion Chocolat (▶ S. 37).

KULTUR UND UNTERHALTUNG

Eine Oper von Weltrang, die innovative Theaterszene und jeden Abend volles Konzertprogramm sichern fesselnd unterhaltsame Abende mit kulturellem Niveau. Für Top-Events besorgt man sich Karten am besten im Vorverkauf.

Das Théâtre Royal de la Monnaie ist eines der interessantesten Opernhäuser Europas und auch die Brüsseler Theaterszene ist sehr lebhaft. Allerdings sollte man sehr gut Französisch verstehen, sonst kann man der Handlung kaum folgen. Keinerlei Sprachprobleme bereitet dagegen das belgische Tanztheater, auch Opern, Jazz, Pop und klassische Konzerte bieten lohnende Programme für den Abend. Im Kino werden die meisten Filme im Original mit französischen Untertiteln vorgeführt.

ZU SPÄTER STUNDE SCHWINGT DER JAZZ

Das richtige Nightlife beginnt spät am Abend, nicht vor 22 Uhr, weil Nachtschwärmer erst einmal in genussvoller Ruhe essen gehen. Einen hohen Stellenwert hat nach wie vor der Jazz. Die Szene konzentriert sich auf wenige renommierte Klubs, die ebenfalls erst ab 22 Uhr öffnen, wie

◀ Im Kaaitheater (▶ S. 40) tut das Publikum gut daran, das Unerwartete zu erwarten.

die meisten Musiklokale. Am Wochenende ist am meisten los und manche Lokale öffnen nur freitags und samstags. Dies gilt besonders für das Afrikanische Viertel rund um die Chaussée de Wavre, das Quartier Matonge, benannt nach dem Vergnügungsviertel in Kinshasa.

PRIVATKLUBS GEWÄHREN EINLASS

Tanzlokale wie auch Cocktailbars werden gerne als Privatklub geführt, das heißt, man muss klingeln, um eingelassen zu werden, und Freunde schaden nicht, die einen am Türsteher vorbeischleusen. Bis auf einige sehr exklusive Etablissements ist es aber selten schwierig, Einlass zu finden. Klassische Rotlichtviertel wie in Amsterdam gibt es in Brüssel nicht. Nördlich der Place de Brouckère verlieren sich einige Nachtlokale mit Strip-Shows, das große Geschäft wird in den Außenbezirken gemacht. Programme von Kino, Oper, Theater und Konzerten veröffentlichen die Tageszeitungen und das Monatsmagazin »Agenda«, das man in den Tourismusbüros (▶ Auskunft, S. 149) erhält. Dort gibt es auch Eintrittskarten im Vorverkauf. Bis zu 50 % ermäßigte Tickets erhält man am Tag der Veranstaltung am Last-Minute-Ticketschalter Arsene 50 im Brussels Info Place (bip, Rue Royale 2, Di–Sa 12.30–17.30 Uhr, ▶ S. 71).

BESONDERE EMPFEHLUNGEN

THEATER

Les Brigittines ⚓ E 4

Als Zentrum für zeitgenössische Kunst, für modernes Sprech-, Aktions- und Tanztheater sowie als einzigartige Festivalstätte kommt die modern erweiterte, ehemalige Kirche der Brigittinen zu neuem Ruhm. Unter der künstlerischen Leitung von Patrick Bonté vereint es experimentelle Produktionen und Auftritte weltweit anerkannter Ensembles mit interaktiven Projekten für die Menschen aus der Nachbarschaft. Sablon | 1, Petit rue des Brigittines | Tram: 92, 93 Sablon | www.brigittines. be | Reservierung Tel. 2 13 86 10

Théâtre Royal de la Monnaie ⚓ F 3

Brüssels klassisches Opernhaus mit der eleganten Fassade genießt seit den 1960er-Jahren Weltruf, als dort Maurice Bejart die Ballettwelt aus den Angeln hob. Seit dem Amtsantritt von Peter de Caluwe 2007 wird das begeisterte Publikum zudem ständig aufs Neue mit mutigen, innovativen Operninszenierungen überrascht. Unterstützt wird der Intendant von einem engagierten Ensemble, vom exzellenten Ballett und dem viel gelobten Symphonieorchester, das meist Ludovic Morlot dirigiert. Zu den Premieren reist Europas Opernprominenz an, die meisten Veranstaltungen sind langfristig ausgebucht.

Ilôt Sacré | Pl. de la Monnaie | Metro: Bourse | Tel. 2 29 12 00 | www.la monnaie.be | Führungen hinter die Kulissen Sept.–Juni Sa 12 Uhr | Eintritt 12 €

Kaaitheater ✒ E 2

Hinter einer fast schon unscheinbaren Art-déco-Fassade warten die Macher des Kaaitheaters mit einer geballten Ladung künstlerischer Freiheit auf ihr flämischsprachiges – oder zumindest Flämisch verstehendes – Publikum. Avantgardistische Performances, gefühlsgewaltige internationale Koproduktionen und gelegentlich irritierende Bühnenexperimente machen das Kaaitheater zur international bedeutenden Institution.

Zentrum | 20, Square Sainctelette | Metro: Rogier | Tel. 2 01 59 59 | www. kaaitheater.be

Théâtre National de Belgique ✒ F 3

Ein buntes und abwechslungsreiches Programm prägt das 1945 von Jacques Huisman begründete Nationaltheater. Neben Stücken des klassisch französischen Sprechtheaters sorgen immer mehr Kulturfestivals für Schwung auf der Bühne und ein bestens unterhaltenes Publikum.

Zentrum | 111–115, Bd. Émile Jacqmain | Metro: Rogier, De Brouckère | Tel. 2 03 41 55 | www.theatrenational.be

Théâtre Toone ✒ F 3/4

In einem unaufdringlichen Haus aus dem 17. Jh., nur wenige Schritte von der Grand'Place entfernt, pflegt die Künstlertruppe um die Familie Toone seit 1966 die Kunst des volksnahen Puppenspiels. Ihren Ursprung hat das kreative Unternehmen in den Marolles,

wo man seit 1830 die einfachen Leute mit Schwänken und Theaterklassikern unterhielt. Heute stehen für die Besucher aus aller Welt populäre Stücke auf Französisch, Englisch und Deutsch auf dem Programm, dargeboten von fantasievollen Gliederpuppen und ihren versierten Strippenziehern.

Ilôt Sacré | 21, Petite rue des Bouchers/ Impasse St-Pétronille | Metro: Bourse | Tel. 5 11 71 37 | www.toone.be

KULTURZENTREN

Bozar/Palais des Beaux-Arts ✒ F 4

In den vornehmen Hallen des Kulturpalastes am Kunstberg, einem Werk Victor Hortas, ist Platz für vielerlei kulturelle Angebote: klassische Konzerte und Gastspiele, ambitionierter Jazz, nachdenkliche Chansons, Ausstellungen, Lesungen und originelle Crossover-Attacken.

Mont des Arts | 23, Rue Ravenstein | Metro: Gare Centrale | Tel. 5 07 82 00 | www.bozar.be

Centre culturel Flagey ✒ G 6

Trendiges Kulturzentrum mit ambitioniertem Programm von Klassik über Ethno-Pop und künstlerischem Film bis zu avantgardistischen Klangexperimenten. Das Team um Direktor Gilles Ledure organisiert regelmäßig Festivals für Cineasten, Kleinkünstler und Bücherfreunde. Allein das an einen Schiffbug erinnernde modernistische Gebäude von Architekt Joseph Diongre, aus dem von 1933 bis in die 80er-Jahre der Belgische Rundfunk gesendet hat, ist unbedingt sehenswert. Viele Räume sind – wie beispielsweise das Café Belga im Erdgeschoss – im Stil der 1930er-Jahre erhalten.

Ixelles | Pl. Ste-Croix | Tram: 81, 83 Flagey | Tel. 6 41 10 20 | www.flagey.be | Kartenvorverkauf Di–Fr 12–17 Uhr

MUSIK

L'Archiduc ⚓ E 3

Von außen unspektakulär, innen eine Wucht ist die traditionsreichste Jazzkneipe der Stadt. Stan Brenders, ein belgischer Jazzpianist und Freund u. a. von Nat King Cole, hat den Klub 1953 gegründet; noch heute genießt er den guten Ruf, eine der wichtigsten Bühnen Europas zu sein. Samstags ab ca. 17 Uhr beim »Jazz after Shopping« und sonntags »Round about five« sind die Livekonzerte mit lokalen Jazzgrößen längst eine Institution.

Ste-Catherine | 6, Rue Antoine Dansaert | Metro: Bourse | Tel. 5 12 06 52 | www.archiduc.net | tgl. 16–5 Uhr

Forest National ⚓ südl. D 6

Weltberühmte Symphonieorchester, Chansonniers, Popstars und echte Showgrößen gastieren regelmäßig auf dieser Bühne am südwestlichen Rand der Stadt.

Forest | 208, Av. Victor Rousseau | Tram: 32, 82, 97 Zaman | Tel. 340 21 23 | www.forestnational.be

Jazzstation ⚓ H 3

Szene-Treffpunkt in der apart restaurierten Bahnstation St-Josse-Ten Noode. Neben Sessions am Nachmittag, coolen Gigs und Ausstellungen im Foyer gibt es auch eine schicke Terrasse.

St-Josse | 193A, Chaussée de Louvain | Bus: 401 Sint-Joost-ten-Node Clovis | Tel. 7 33 13 78 | www.jazzstation.be | Mi–Sa 11–19 Uhr, an Konzertabenden bis ca. 23 Uhr

Im altehrwürdigen Théâtre Royal de la Monnaie (▶ S. 39) aus dem Jahr 1700 gastieren hochkarätige Ensembles aus aller Welt und überzeugen mit immer neuen, mutigen Inszenierungen.

Im Fokus
Eleganz am Bau

Fantasievolle Fassaden im Jugendstil aus dem späten 19. und frühen 20. Jh. zieren als Baujuwelen ganze Straßenzüge, vor allem in Ixelles, St-Gilles und Etterbeek. Auf den Spuren von Victor Horta und Paul Hankar entdeckt man Brüssels alten Glanz.

Filigrane Arabesken aus Metall, opulente Bleiglasfenster, polierte Schaufensterrahmen aus Edelholz, das raffinierte Spiel mit Licht und organischen Formen sowie die elegant, oft asymmetrisch gegliederten Fassaden mit allegorischen Details kennzeichnen die Brüsseler Version des Jugendstils, die hier Art nouveau genannt wird. Die fantasievolle Architektur kam Ende des 19. Jh. in ganz Europa in Mode; reiche Kaufleute, Industrielle und bürgerliche Aufsteiger wollten auch an und in ihren Häusern kultivierten Wohlstand zeigen. In einer Phase der oft rücksichtslosen städtischen Industrialisierung holten die verspielten Fassaden die Natur, die Eleganz und die Individualität zurück in den Alltag.

OPULENTE ZEITREISEN

In Brüssel zeigt der Jugendstil ganz besondere Ausprägungen. Rund 170 Gebäude sowie einige komplette Straßenzüge sind im Originalzustand erhalten und erlauben eine Zeitreise zurück in die Jahre zwischen

◄ Im »Old England« von 1899 ist das Musikinstrumentenmuseum untergebracht (▶ S. 120).

1893 und dem Ersten Weltkrieg. Immer mehr private und öffentliche Gebäude aus jener Zeit werden aufwendig renoviert und für die Öffentlichkeit zugänglich gemacht. Heute ist es wieder schick, in den schwungvol-
len Mauern eine Galerie, ein kleines Hotel oder eine charmante Brasserie
zu eröffnen. Moderne Architekten bauen typische Stilmittel wie abgerundete Ecken, dekorative Keramikfriese und vielfarbige Glasflächen in ihre
Entwürfe ein. Selbst die Stadtverwaltung weiß um die Bedeutung dieses
Stilmittels in ihren Straßen und ließ es sich viel Geld kosten, die langwei-
lig-funktionalen Wartehäuschen an Bus- und Tramhaltestellen durch fein
geschwungene Modelle à l'Art nouveau zu ersetzen.

Spannender als das Pflastertreten auf dem offiziellen Jugendstil-Rund-
gang ist es, sich erst einmal in den einschlägigen Quartieren von Ixelles
und Etterbeek durch die Straßen treiben zu lassen. Vor allem am Beginn
der Avenue Louise, rund um den Square Ambiorix, am Ostrand der Marolles und südlich der Porte de Hal entdeckt man eine unglaubliche Fülle
von Details in der Fassadengestaltung.

DIE SCHATZTRUHE DES ART NOUVEAU

Hat man sich erst einmal durch Spaziergänge in Stimmung gebracht,
lohnt es sich, einzelne Bauwerke gezielt anzusteuern und zu bewundern:
Im Zentrum zählen dazu die eleganten Konsumtempel des späten 19. Jh.,
vor allem das ehemalige Kaufhaus Waucquez in der Rue des Sable, in dem
heute das Belgische Comic-Zentrum (▶ S. 113) untergebracht ist, und das
Kaufhaus Old England am Mont des Arts (▶ S. 70) mit seiner spektakulären Fassade aus Gusseisen, Glas und Holz, inzwischen Domizil des Mu-
sikinstrumentenmuseums (▶ S. 120). Auch wer sich nicht für Saxophone
und Drehleiern interessiert, sollte mit dem nostalgischen Aufzug hinauf
zur Dachterrasse fahren, um das raffinierte Spiel von Licht, Ausblick und
Innendekor zu würdigen.

Die wahre Schatztruhe des Art nouveau findet man in den Quartieren
Ixelles und St-Gilles: Dicht an dicht stehen dort die gemauerten, gezim-
merten, geschmiedeten und gedrechselten Fantasien von Künstlern mit
statischen Kenntnissen. Allein um den Square Ambiorix wurden 30 Art-
nouveau-Gebäude unter Denkmalschutz gestellt. Das spektakulärste unter ihnen ist das Wohn- und Atelierhaus des Malers Léonard de St-Cyr
(Nr. 1). Architekt Gustave Strauven brauchte eine Sondergenehmigung

für diesen Stein gewordenen Traum mit seinem kecken Turm und der kreisrunden Balkonbrüstung.

Elegante Reizüberflutung und ein vom Fassadengucken verspannter Nacken sind die Nebenwirkungen eines Bummels entlang der Häuserzeilen in der Rue Vanderschrick mit ihren abwechslungsreich gegliederten Fronten, den blumigen Kachelbändern und gekratzten Sgraffiti-Dekoren. Der Straßenzug in der Nähe des Parvis St-Gilles ist ein Gesamtkunstwerk von Ernest Blerot, von dem auch mehrere Häuser in der Rue St-Boniface (Nr. 15, 17, 19, 20, 22) erhalten sind. Der berühmte Paul Hankar (1859–1901), ursprünglich Bildhauer und Möbeldesigner, sprengte 1893 mit seinem Privathaus in der Rue Defacqz die konventionellen architektonischen Muster und etablierte gemeinsam mit seinem Freund Victor Horta die typische Brüsseler Stilvariante des Art nouveau. Er schuf u. a. die Häuser Nr. 48, 50 und 71 in der Rue Defacqz; sein Markenzeichen sind geometrische Metallgitter und sanft schillernde Farben.

Viele spektakuläre Bauten aus der Jahrhundertwende werden heute als Museen genutzt. So vereint etwa das Clockarium (▶ S. 115) die verspielte Fassade eines bürgerlichen Stadthauses mit einer unterhaltsamen Auswahl an seltenen Fayencen, vor allem Standuhren aus Keramik. Das Museum David et Alice van Buuren (▶ S. 118) im ehemaligen Wohnhaus einer Bankiersfamilie macht deutlich, wie eigenwillig die bürgerliche Kundschaft ihre handwerklich meisterhaft ausgebauten Zimmer mit buntfarbigen Teppichen, Blümchenvorhängen und Dekorationen füllte. Für den heutigen Geschmack erscheint die Omnipräsenz des Art nouveau vielleicht zu opulent, war damals aber durchaus mondän.

ALLROUNDBAUMEISTER VICTOR HORTA

Der berühmteste Baumeister jener Zeit war und bleibt der in Gent geborene Schusterssohn Victor Horta (1861–1947), dessen Werk rund 100 öffentliche und private Gebäude umfasst. Als Erster wagte er es, Metall und Glas als tragende Teile in der Architektur einzusetzen. Schon als Student wurde der gelernte Innenarchitekt Horta zum jugendlichen Assistenten des königlichen Hofbaumeisters und Professors Alphonse Balat ernannt und arbeitete mit an den Entwürfen der gewaltigen königlichen Gewächshäuser von Laeken. Seinen Durchbruch erlebte der damals 32-Jährige im Jahr 1893 mit der extravaganten Maison Tassel (6, Rue Paul-Emile Janson, ▶ S. 90), die seit dem Jahr 2000 zum UNESCO-Weltkulturerbe zählt. Raffinierte Lichtspiele, eine harmonische Raumwirkung, ausschwingende Linien und sorgfältig inszenierte Details sind die Markenzeichen des kreativen Allroundtalents, der seine Auffassung von Kunst und Ästhetik radikal und konsequent umsetzte.

Schnell wurde Horta zum unumstrittenen Liebling der feinen Gesellschaft, zum Architekten von König und Bourgoisie. Er plante Kaufhäuser und private Residenzen, Schulen, Kindergärten, Hotels und im Jahr 1896 die Maison du Peuple auf dem Parvis St-Gilles, Zentrum der sozialistischen Arbeiterbewegung, mit seiner damals bahnbrechenden Glasfassade. Das Hotel Eetvelde schließlich konzipierte er um 1900 als Gesamtkunstwerk des Art nouveau. Zu seinen Spätwerken gehören das Kunstmuseum in Tournai sowie der Brüsseler Hauptbahnhof. Viele Entwürfe und die detailverliebte Inneneinrichtung des Horta-Museums in dessen Atelier- und Wohnhaus (25, Rue Américaine) in Ixelles machen diese Station zum stilsicheren Höhepunkt einer abwechslungsreichen Zeitreise durch den Brüsseler Jugendstil.

SOZIALBAUTEN MIT HERZ UND ELEGANZ

Doch damit nicht genug: Auch das Leben der einfachen Menschen wurde von den Jugendstilarchitekten bereichert. 1915 zogen die ersten kinderreichen Arbeiterfamilien in die Cité Hellemans, eine damals revolutionär helle und komfortable Sozialsiedlung in den Marolles. Hohe Fenster, fließendes Wasser, private Bäder, Balkone nach Süden und luftige Innenhöfe machten die sieben Wohnblöcke zwischen Rue Blaes und Rue Haute zum Vorbild für ähnliche Sozialbauten in ganz Europa. Auch nach dem zerstörerischen Ersten Weltkrieg zeigte die Brüsseler Architekturelite ihre innovative Klasse, nun im Stil des plakativen Art déco, dessen Ursprünge in der Wiener Secession der 1920er-Jahre und im reduzierten schottischen Jugendstil liegen. Das eindrucksvollste Brüsseler Bauwerk dieser Mode ist die Villa Empain in der Avenue Franklin Roosevelt 67. Im Jahr 1930 planten die Architekten Michel Polak und Alfred Hoch im Auftrag des jungen Barons Louis Empain eine repräsentative Villa im Grünen. Die streng gegliederte Fassade ist durch abgerundete Ecken und bleiverglaste Leuchten aufgelockert, einige Innenräume sind mit Marmor verkleidet, aufwendige Metallgitter gliedern die Hallen, Edelhölzer wurden für die Vertäfelungen verarbeitet und im Garten fassen Säulengänge einen Swimmingpool mit ebenfalls runden Ecken ein … Heute hat die Stiftung Boghossian ihren Sitz in der Villa, die sich in Ausstellungen, Workshops, Jugendprogrammen und Schulprojekten für den vielfältigen Austausch zwischen westlichen und östlichen Kulturen einsetzt. Der inspirierende Luxus ist somit offen für Besucher!

FESTE FEIERN

Partys, Messen, Festivals und Paraden prägen den Eventkalender der belgischen Hauptstadt. Ob historisch oder alternativ, mondän oder melodiös, einen Grund zum Feiern finden die Brüsseler schnell – auch der König macht mit.

Bunt und fröhlich ist es, wenn die Brüsseler auf die Straße gehen. Sie lieben Umzüge, große Gesten, rhythmische Klänge, aufwendige Kostüme – und das nicht nur im Karneval! Der historische Ommegang und die turbulente Zinneke Parade sind zwei sehr gegensätzliche und gleichermaßen herausragende Ereignisse im voluminösen Festkalender der Stadt:
Anfang Juli wird es eng bei den Traditionalisten: Da müssen noch Nähte gesteppt, Banner bestickt und Zöpfe geflochten, Zaumzeug poliert und Fackeln präpariert werden, denn es naht der Ommegang: Mit diesem mittelalterlich geprägten Umzug feiert man den Einzug von Kaiser Karl V. in die Stadt, der 1549 mit zahllosen Adeligen, Soldaten, Rittern und Gauklern in seine Residenz kam, um mit seinen Statthaltern zu verhandeln und gleichzeitig die wundertätige Madonnenstatue in der Kirche Grand Sablon zu bewundern. Weder die politischen noch die religiösen

◀ Bei der Friedensprozession Ommegang
(▶ S. 48) wird wörtlich »herumgegangen«.

Hintergründe spielen heutzutage eine Rolle, wenn am ersten Donnerstag im Juli prächtig herausgeputzte Freizeitrecken und standesbewusste Hofdamen in straffen Miedern über das Brüsseler Kopfsteinpflaster flanieren, bis sie endlich vor der perfekten Kulisse der Grand' Place ihrem Kaiser zujubeln dürfen.

BUNTE PARADEN UND TANZENDE ZINNEKES

Wenn dagegen die Zinnekes tanzen, bleibt der König im Arbeitszimmer. Alle zwei Jahre im Mai ziehen Tausende von kostümierten Menschen in fröhlichem Tumult durch die Stadt. Sie wollen vor allem eines: Gut miteinander auskommen in diesem multikulturellen Metropölchen. Und das ist nicht so einfach in einer Stadt, die als französischsprachige Halbinsel im flämischen Umland liegt. In einer Stadt, die noch gar nicht gemerkt hat, wie polyglott sie längst ist. Am Rand der Parade grummelt manch Flämisch-Konservativer aus der Nordstadt, dass früher alles besser und das Parken am Laternenpfahl auch billiger war, aber sein marokkanischer Bäcker um die Ecke, der backe wirklich gutes Brot. Daneben achtet die verschleierte Mutter aus St-Josse darauf, dass ihre bauchtanzenden Töchter im Rhythmus bleiben. Als Speerspitze der urbanen Elite wollen vor allem junge Weltbürger Brücken bauen zwischen den Familien und Quartieren, digital und emotional vernetzt in alle Richtungen. Die Zinnekes zeigen demonstrativ, dass für sie Schranken nicht gelten, dass in ihrer globalen Welt weder Geld noch Hautfarbe oder Sprache ein Ausschlusskriterium sind.

Natürlich sind die beiden Paraden nur Spotlights auf reizvolle Feste und Events in Brüssel. Schauen Sie auf ein Bier vorbei und feiern Sie mit …

JANUAR

BRAFA

Messe für Antiquitäten und Kunstobjekte mit rund 150 hochkarätigen Ausstellern aus ganz Europa; exquisites Kontakt- und Handelsforum.
Ende Januar | St-Josse | Tour & Taxis | Metro: Gare du Nord, Rogier | Tel. 5 13 48 31 | www.brafa.be

FEBRUAR

anima – Festival des Comic-Films

Treffpunkt der weltweiten kreativen Szene mit mehr als 200 Beiträgen und internationaler Jury.
Mitte–Ende Februar | Ixelles | Centre culturel Flagey | Tram: Flagey | Kartenvorverkauf Tel. 6 41 10 20 | www.animafestival.be

MÄRZ/APRIL

Ars Musica

Das internationale Festival bietet zeitgenössische Musik von internationalem Rang.

Mitte März–Anfang April | Mont des Arts | Bozar und weitere Spielstätten | Tel. 507 82 00 | www.arsmusica.be

Königliche Gewächshäuser

Zwei Wochen im Jahr ist die »Gläserne Stadt« von Laeken mit ihren üppigexotischen Pflanzen für Besucher geöffnet. Abends lohnt sich der Besuch besonders, denn dann sind die Jugendstilgewächshäuser beleuchtet.

Zwei Wochen Ende April | Laeken | Tram: Araucaria | Tel. 5 13 89 40

MAI

Fête de l'Europe

Tag der offenen Tür in den Europäischen Institutionen zum Jahrestag der Schuman-Erklärung am 9. Mai.

Anfang Mai | Quartier Européen | Tel. 08 00 67 89 10 11 | www.festivalofeurope.europa.eu

Jazz Marathon

An drei Abenden finden in rund 60 Klubs und auf den großen Plätzen der Stadt etwa 100 hochkarätige Jazzkonzerte statt.

Anfang Mai | diverse Spielstätten | www.jazzmarathon.be

Nächte des Botanique

Ein renommiertes, überwiegend frankofones Rock- und Chansonfestival, das rund um den alten Botanischen Garten stattfindet.

Anfang Mai | Zentrum | www.botanique.be

Zinneke Parade

Turbulenter Umzug der jungen, urbanen Alternativszene mit kosmopolitischem Volksfest.

Anfang Mai | jährlich wechselnde Routen | www.zinneke.org

JUNI

Summer Festival

Draußen und umsonst. Open-Air-Sommerfestival mit klassischen Konzerten, Zirkus, Folklore, Pop und vielem mehr.

Anfang Juni–Anfang Juli | Grand' Place/ Mont des Arts und weitere Spielstätten | www.bsf.be

Couleur Café

Temperamentvolles Festival der Weltmusik mit einem Cocktail aus heißen Rhythmen, exotischen Spezialitäten und globaler Partylaune – die »heißeste Party des Sommers«.

Ende Juni | St-Josse | Tour & Taxis | Metro: Gare du Nord, Rogier | www.couleurcafe.org

JULI

Ommegang

Prachtvolles Historienfest mit rund 1500 Darstellern, das an den Einzug Kaiser Karls V. und seines Gefolges im Jahr 1549 erinnert.

🕐 Wenn Sie den Umzug gut sehen wollen, nehmen Sie sich einen Campingstuhl und kühle Getränke und setzen Sie sich spätestens um 17 Uhr auf eine erhöhte Position entlang der Strecke von der Pl. du Grand Sablon bis zur Grand' Place. Die Parade beginnt gegen 19 Uhr und endet um 21 Uhr auf dem Marktplatz.

Anfang Juli | Sablon/Îlot Sacré | Metro: Gare Centrale | www.ommegang.be

Brosella Folk und Jazz

Internationales Festival mit Konzerten und Tänzen im Théâtre de Verdure am Atomium.

Mitte Juli | Ossegempark | Metro: Heysel | www.brosella.be

Nationalfeiertag

Viele Konzerte, »Tag der offenen Tür« rund um den königlichen Park und großes Feuerwerk.

21. Juli | Mont des Arts | zw. Pl. Poulaert und Pl. des Palais | Metro: Louise, Parc | www.sibp.be

AUGUST/SEPTEMBER

Blumenteppich

Alle zwei Jahre schmückt eine Million Begonienblüten, zu fantasievollen Mustern arrangiert, drei Tage lang den Grand' Place.

Nächster Termin 14.–17. August 2014 | Grand' Place | Metro: Gare Centrale

Klarafestival

Junge, innovative Musiker aus ganz Europa treffen mit ungewöhnlichen Produktionen, grenzüberschreitenden Arrangements und modernen symphonischen Konzerten aufeinander.

Ende August–Anfang September | Bozar, Flagey und weitere Spielstätten | www.klarafestival.be | Tel. 70 21 02 17

Design September

Ein Trödelmarkt mit Schätzen aus den 1950er- bis 1980er-Jahren, eigenwillige Ausstellungen, die Präsentation neuer Marken und Kollektionen, Preisverleihungen und vieles mehr machen den Design September zur internationalen Plattform der kreativen Köpfe mit hohem Nutzwert.

September | zahlreiche Veranstaltungsorte | www.commercedesignbrussels.be

Comic-Festival

Straßenparaden, Lesungen und Partys rund um die große Liebe der Belgier zu gezeichneten (Kurz-)Geschichten.

Anfang September | Zentrum | Metro: Gare Centrale | www.fetedelabd.be

OKTOBER

Jugendstil-Biennale

International bekannte Experten erläutern die Facetten des Brüsseler Art nouveau; viele Bauwerke sind nur an diesen Tagen für Besucher zugänglich.

Nächster Termin 2015, Oktoberwochenenden | Ixelles/St-Gilles/Etterbeek/Zentrum | www.voiretdirebruxelles.be

NOVEMBER

Nächte des Sablon

Wenn im Antiquitätenviertel die renommierten Händler abends ihre Tore öffnen und romantischer Glanz über den alten Schätzen liegt, bietet sich ein hochwertiger Einkaufsbummel an – gerade recht in der Vorweihnachtszeit.

Ende November | www.sablon.org

DEZEMBER

Europäischer Weihnachtsmarkt

In 220 Ständen und Buden präsentieren Europas Nationen ihre landestypischen Produkte.

Dezember | rund um die Grand' Place | www.plaisirsdhiver.be

La Voix

Ambitioniertes Festival der Chöre und Solisten mit internationalen Gästen.

Dezember | Ixelles | Flagey | www.flagey.be

MIT ALLEN SINNEN
Brüssel spüren und erleben

Reisen – das bedeutet aufregende Gerüche und neue Geschmacks-erlebnisse, intensive Farben, unbekannte Klänge und unerwartete Einsichten; denn unterwegs ist Ihr Geist auf besondere Art und Weise geschärft. Also, lassen Sie sich mit unseren Empfehlungen auf das Leben vor Ort ein, fordern Sie Ihre Sinne heraus und erleben Sie Inspiration. Es wird Ihnen unter die Haut gehen!

◀ Kunstgenuss (▶ MERIAN TopTen, S. 51)
zum Preis eines U-Bahn-Tickets.

KULTUR UND UNTERHALTUNG
Kunst in der Metro ⭐

80 großformatige Kunstwerke schmücken die 69 Stationen im Brüsseler Metronetz. Diese weltweit einzigartige »Galerie im Untergrund« zeigt en passant viele Aspekte des modernen künstlerischen Schaffens in Belgien: vom Surrealisten Paul Delvaux, dessen nostalgische Trambahn die Station Bourse schmückt, über das CoBrA-Mitglied Pierre Alechinsky mit seiner schwarz-weißen Komposition »Sept écriture« an der Haltestelle Delta bis zum Comic-Meisterzeichner Hergé. Nicht weniger als 140 Figuren aus 22 seiner Bände über die Abenteuer von Tintin & Snowy kann man an den Wänden der Endstation Stokkel erkennen. Der Eintritt in die Ausstellung kostet nur ein STIB-Tagesticket für 6,50 €, Spürsinn und ein wenig Zeit auf den sechs Linien durch die Stadt.

sich rechtzeitig vor Beginn der Mittags- und Abendkonzerte einen Platz im hinteren Mittelschiff der Église Notre-Dame du Finistère oder der Église des Dominicains sichern. In der Kathedrale St-Michel et Ste-Gudule sitzt man optimal im vorderen rechten Querschiff, denn dort hängt die Orgel

wie ein Balkon auf der linken vorderen Seite des Hauptschiffes.
Ilôt Sacré/Zentrum/Sablon |
Metro: Gare Centrale, Bourse |
www.bruxellesesorgues.org

Orgelkonzerte   🎫 F 3/4

Vor allem in den Sommermonaten können sich Musikliebhaber fast täglich am Klang der grandiosen Orgeln einiger Brüsseler Kirchen erfreuen. Das Repertoire bei den teils sogar kostenlosen Konzerten, die im Programm »Brussels Orges« zusammengefasst sind, reicht von den sakralen Klassikern eines Johann Sebastian Bach über Werke von Felix Mendelssohn Bartholdy bis Benjamin Britten, aber auch zeitgenössische Kompositionen stehen auf dem Spielplan; an den Registern sitzen Organisten aus aller Welt. Wer den idealen Hörgenuss erleben möchte, sollte

Parcour Jacques Brel   🎫 E/F 4

Einfach still ins Wasser schauen und ihm zuhören, wenn er seine Stadt, sein Leben, seine Fahrt auf der emotionalen Achterbahn besingt: Jacques Brel, der berühmte Chansonnier, Schauspieler und Lebemann (1929–1978), liebte nicht nur den Brüsseler Dialekt, er besang seine Heimatstadt in Hunderten von Liedzeilen. Auf seinen musikalischen Spuren dem Parcour Jacques Brel folgend, einen Audioguide am Ohr, kann man die alten Gassen ganz neu erleben. Rau, schmeichelnd und zum Verzweifeln einsam zugleich erzählen die Lieder von Kindheit, Kneipen, Liebe, Sehnsucht und Euphorie. Start und Endpunkt ist das Dokumentationszentrum Éditions Jacques Brel hinter der Grand' Place mit seinen ebenfalls beeindruckenden Exponaten aus dem Leben des Künstlers. Der Rundgang mit passenden Liedern und kurzen Erläuterungen auf Französisch, Flämisch oder Englisch dauert rund drei Stunden.

Ilôt Sacré | 11, Pl. de la Vieille Halle au Blés | Metro: Gare Centrale | www.jacquesbrel.be

ESSEN UND TRINKEN
Schokoladen-Workshop ⚑F 6

Wie diffizil der Umgang mit flüssiger Schokolade, mit Trüffelcreme, selbst geknetetem Marzipan, hauchdünnen Nussplättchen und bunten Kräuterflocken ist, erlebt man am besten bei einem Schokoladen-Workshop in der Manufaktur von Zaabär, einem der bekannten belgischen Chocolatiers. Aller Anfang ist klebrig und die Rosinen kullern gern zur falschen Seite, aber auch die süßen Fehlversuche schmecken köstlich. Und merke: Ein wahrer Chocolatier nascht niemals, er destuiert! Für kleine Zuckerschnuten gibt es übrigens spezielle Kinderkurse.

Ixelles | 125, Chaussée de Charleroi | Metro: Louise | einstündige Kurse jeden Mi und Sa, 14.30 Uhr sowie nach Vereinbarung | www.zaabar.com

Tram Experience

Hochgenuss auf Schienen! Wenn drei ausgezeichnete Küchenchefs und ihre Teams auf einer zweistünden, manchmal ruckeligen Tramfahrt ihre filigranen Kreationen servieren, wenn maximal 34 Gäste aus aller Welt zwischen den Gängen die Schönheit der nächtlichen Stadt bewundern können, dann zeigt einmal mehr, dass in Brüssel die Kombination aus Kreativität und Klasse besondere Blüten treibt. Die »Tram Experience« startet jeden Abend außer Montag und Freitag an der Place Polaert vor dem Justizgebäude. Am Freitag beginnt die kulinarische Reise am Trammuseum in Tervuren. Ein dreigängiges Sterne-Menü an Bord des exklusiven Sonderzuges kostet 89 €, ohne Getränke: Jeweils drei hochgelobte Köche bzw. Patissiers sind für die Auswahl, Qualität und Extravaganz des Menüs verantwortlich, wobei auch eine fleischlose Variante angeboten wird. Das Arrangement muss langfristig über das Brüsseler Tourismusbüro (▶ S. 148) gebucht werden.

Marolles/Tervuren | Metro: Louise, Tram: 97 | www.visitbrussels.be/ tramexperience

AKTIVITÄTEN
Brussels Greeters ⚑H 5

Ganz persönliche Einsichten in ihre Heimatstadt erlauben die ehrenamtlichen Brussels Greeters: In ihren Mittagspausen oder nach Feierabend begrüßen sie Brüssels Gäste und zeigen den Besuchern ihre Lieblingsplätze, berichten von aktuellen Events, angesagten Kneipen und geben individuelle Shoppingtipps. Eine kurze E-Mail mit dem gewünschten Termin reicht und schon meldet sich jemand aus dem rund 100-köpfigen Team der freundlichen Führer, um Treffpunkt und mögliche Themenschwerpunkte abzustimmen. Willkommen in Brüssel, der Stadt der spannenden Blind Dates abseits des Touristenrummels!

Brussels Greeters | 16, Rue Louis Hap | www.brussels.greeters.be

Sight-Jogging

Keine Frage, wer im Schweiße seines Angesichts vom Königspalast in die Marolles und am Manneken Pis vorbei zur Grand' Place läuft, fällt richtig auf und wird selbst zur Sehenswürdigkeit. Spätestens an der Place des Martyrs, dem Platz der Märtyrer, ist eine Verschnaufpause fällig. Auf jeden Fall findet die Idee, Europas Hauptstadt beim Jogging zu erkunden, immer mehr Anhänger. Drei Routen durch das historische Zentrum, das Europaviertel und rund um das Atomium stehen für das touristische Work-out zur Auswahl.

Brussels Sight Jogging (BSJ) | 56, Rue de Savoie | www.brusselssightjogging.com | ab 12,50 €

Street Art Walk

Ein Turm glücklich grinsender Schweine an der Wand, ein überdimensionales, filigran gesprühtes Dinosaurierskelett am Eingang eines Hauses oder Musiklegende Jimmy Hendrix, unter einem Schaufenster kauernd. Moderne Gemälde aus Lackfarben sieht man beim Flanieren häufig, manchmal an Stellen, die nur Fassadenkletterer erreichen können. Es sind Werke von Straßenkünstlern aus aller Welt, meist ohne Genehmigung in einer Nacht-und-Nebel-Aktion gesprüht. Roa etwa ist der Mann hinter dem Schweineturm in der Rue de Chaufferette; er ist auch in Brooklyn eine künstlerische Größe. Bonom, bürgerlich Franck Duval, ist der Grafiker mit den exakt gezeichneten, überdimensionalen Skeletten und Jef Aerosol hat den 2nd Hand Record Store in der Rue du Chene ganz legal mit seinen Musikstar-Grafiken verschönert.

Wer mehr über die Künstler hinter den provokanten Wandgemälden wissen will, kann unter fatcap.com recherchieren.
Zentrum/St-Géry/Marolles

Eine scheinbar schlichte Bahnfahrt entpuppt sich als kulinarischer Höhenflug, wenn bei der Tram Experience (▶ S. 52) ein dreigängiges Sterne-Menü die Sightseeing-Tour kreuzt.

An der Grand'Place (▶ MERIAN TopTen, S. 60)
ragt der Rathausturm asymmetrisch empor.

BRÜSSEL
ERKUNDEN

EINHEIMISCHE EMPFEHLEN

Die schönsten Seiten Brüssels kennen am besten diejenigen, die diese Stadt seit langem oder schon immer ihr Zuhause nennen. Drei dieser Bewohner lassen wir hier zu Wort kommen – Menschen, die eines gemeinsam haben: die Liebe zu ihrer Stadt.

Ruth Schmitz, 53

Brüssel empfinde ich als Großstadt »lebbar«, im Gegensatz zu Paris oder London. Hier ist alles eine Nummer kleiner. Aber jede der 19 Gemeinden hat ihr eigenes Selbstverständnis, ihre eigenwilligen Traditionen. In den letzten Jahren hat man viele einst düstere Ecken »aufgeräumt«; um die **Oper La Monnaie** oder am **Boulevard Anspach** ist es heute viel sauberer als früher.

Beim Bummel durch die Stadt warne ich gerne vor der »dalle gicleuse«, der typischen Brüsseler »Spritzplatte« im Bürgersteig! Sie ist nur lose verlegt und wenn man bei Regen auf sie tritt, spritzt von unten braune Brühe hoch und die Beine sind dreckig. Ihr kleiner Bruder

In den gläsernen Gewächshäusern des Jardin Botanique (▶ S. 62) sind heute ein Café mit herrlicher Terrasse sowie das renommierte Kulturzentrum Botanique (▶ S. 69) untergebracht.

ist übrigens der »pavé gicleuse«, der lose Spritz-Pflasterstein. Daher immer die Augen offen halten!

Marjorie Vandriessche, 26

Diese Stadt kann man wunderbar beim Flanieren erkunden. Lassen Sie sich einfach durch die Straßen treiben, vor allem die Quartiere um die Kirchen **St-Gilles** und **Ste-Catherine** sind großartig. Natürlich mag ich auch die **Marolles**, das ist das »alte Brüssel« mit seinen zeitlosen Cafés, den Brasserien, den vielen kleinen Läden …

Wer sich – wie ich – für Design interessiert, muss durch die Concept Stores in der **Rue des Chartreux** bummeln; dort leben und arbeiten viele kreative junge Menschen, das Angebot ändert sich ständig. Belgisches Design ist eine geniale Kombination aus niederländischem Esprit, deutscher Funktionalität und einem Extraschuss Buntheit. Auf keinen Fall sollten Besucher im Zentrum essen und abends muss man am Bahnhof Midi vorsichtig sein. Auch High Heels sind wegen der Pflastersteine ungünstig!

Wenn ich Freunde besuche, bringe ich Biskuit von Dandoy mit. Die gibt es nur in Brüssel!

»Wenn ich Freunde besuche, bringe ich Biskuit von Dandoy mit. Die gibt es nur in Brüssel!«

Marjorie Vandriessche

Claude Okoshji Mbeba, 51

Ich liebe die vielen Parks in der Stadt. Die schattigen Nischen im **Jardin Botanique**, die ordentlich gestutzten Hecken im **Parc Royale** beim Schloss, die Ruhe auf dem alten **Friedhof von Ixelles**, wo ich meist arbeite. Das ist viel Aufwand für uns Gärtner – und ein Paradies für Spaziergänger.

Aber wissen Sie, dass man dort auch Sittiche und manchmal sogar Papageien und Kakadus beobachten kann? Auf dem **Friedhof von Laeken** leben viele Marder in den Grabmonumenten und die zahmen Eichhörnchen und Streifenhörnchen sind verrückt nach Nüssen oder Schokolade! Was mich an den Touristen aber wirklich ärgert, ist ihr Müll, den sie einfach nach dem Picknick auf der Wiese liegen lassen, vor allem im Jubelpark.

ILÔT SACRÉ UND ZENTRUM

*Eine kleine, im Mittelalter freie und stolze Gemeinde am sumpfigen
Ufer der Senne, die Ilôt Sacré, ist heute der historische
und damit auch touristische Nabel dieser vielschichtigen
belgischen und europäischen Großstadt.*

Zwischen Munt, Grasmarkt und Grand' Place drängen sich Besucher aus
aller Welt, eingerahmt von höchst abwechslungsreichen Quartieren: das
Einkaufsviertel Rue Neuve im Norden, das anonyme Hochhaus-Durchei-
nander an der Kongresssäule im Nordosten, der mondäne Kunstberg
(▶ S. 70) im Osten und die Marolles (▶ S. 80) im Süden breiten sich sternförmig von der Grand' Place aus. Westlich des Boulevard Anspach schließen sich das Kaaiviertel sowie das Quartier Dansaert an, die coolen Straßen der Designer. Diese wiederum gehen an der nächsten Ecke nahtlos in
marokkanische, italienische, chinesische Nachbarschaften über …
Generell ist es schwierig, in Brüssel Stadtviertel auszuweisen, weil dieses
urbane Konglomerat aus 19 eigenständigen Gemeinden sehr kleinräumig
organisiert ist; zudem hat der ein oder andere betongewaltige Neubau der
1970er- und 80er-Jahre viele alte Strukturen zerstört. Daher bezieht sich

◀ Ludwig I. eröffnete 1847 die königliche
Einkaufspassage St-Hubert (▶ S. 60).

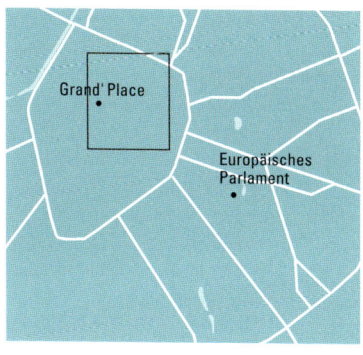

Grand' Place

Europäisches
Parlament

in diesem Buch die Zuordnung
»Zentrum« auf die Quartiere zwischen Boulevard Anspach im Westen, Rue des Alexiens im Süden
und Boulevard de l'Empereur im
Osten. Die Sehenswürdigkeiten
zwischen Gare du Nord und Boulevard du Jardin Botanique im
Norden zählen administrativ bereits zur Gemeinde St-Josse, werden aber der Übersichtlichkeit halber
ebenfalls in diesem Kapitel erwähnt.

BRÜSSELS HERZ TRÄGT GOLDSCHNÖRKEL

Mittelalterliche Reste sieht man als Besucher in der Ilôt Sacré nur auf den
dritten forschenden Blick. Das Herz von Brüssel trägt meist barocke Goldschnörkel, klassizistische Säulen und moderne Glaskuppen, garniert mit
Girlanden aus Pralinen, Muscheln, Comic-Figuren und Billigsouvenirs.
Aber es lohnt sich, hinter die Fassade zu blicken, die kleinen Details zu
würdigen, die mehr erzählen als das massiv überschätzte Manneken Pis.

SEHENSWERTES

❶ Bourse (Börse)  E3

Die Börse wurde 1873 von Léon Suys im
neoklassizistischen Stil und in Anlehnung an das Pantheon in Rom erbaut.
Bis zum Zweiten Weltkrieg bildete sie
den Mittelpunkt der Stadt. Die prunkvolle Frontfassade wird dominiert von
sechs korinthischen Säulen, die einen
Sims mit der Aufschrift »Bourse de
Commerce« tragen. Verziert ist die Fassade mit vielen Reliefs, die sich thematisch um Industrie und Handel ranken.
Nur von außen zu besichtigen.

Ilôt Sacré | 2, Rue Henri Maus | Metro:
Bourse

**❷ Colonne du Congrès
(Kongresssäule)** G3

Ein wenig verloren steht er auf seiner
hohen Säule, Leopold I., Prinz von
Sachsen-Coburg und erster König der
Belgier. Zwischen den Hochhäusern
von Banken und Versicherungen wird
er trotz seiner stattlichen Höhe von vier
Metern leicht übersehen. Errichtet wurde die Kongresssäule im Jahr 1850 vom
Architekten Joseph Poelaert. Sie soll an
den Verfassungskongress von 1831 erinnern und zudem den Gedanken der Demokratie für die Ewigkeit festhalten.

Zentrum | Pl. du Congrès | Metro:
Botanique

3 Galerie Bortier F 4

Die Galerie Bortier ist die »kleine Schwester« der großen Galeries St-Hubert, dabei jedoch stilechter und charmanter. Ursprünglich hatte Jean Pierre Cluysenaar, der Erbauer der Galeries St-Hubert, ein weit verzweigtes Viertel von Einkaufspassagen geplant, das jedoch den Stadtvätern und der »Holding« der Hubertus-Passagen zu teuer war. 1848 wurde ihm zugestanden, die Galerie Bortier zu bauen – genau an der Stelle, wo früher die Bouquinisten ihre Stände hatten. Noch heute logieren dort die Buchläden.

Ilôt Sacré | Rue de la Madeleine/Rue St-Jean | Metro: Gare Centrale

4 Galeries Royales St-Hubert F 4

Diese 223 m lange Ladenpassage war 1847 eines der ersten großen Einkaufszentren in Europa. Die aufwendige Glasüberdachung wurde zum Vorbild für die Galleria Vittorio Emanuele II in Mailand und auch andere Passagen des 19. Jh. Die Passage ist aufgeteilt in die Galerie du Roi (Galerie des Königs), die Galerie de la Reine (Galerie der Königin) und die kleine Galerie des Princes (Prinzengalerie).

In den mit vielen Skulpturen und Büsten geschmückten Wandelhallen sind

Abenteuer Tram

Pure Nostalgie auf Rädern sind die knapp 40 Linien der Tram, die sämtliche Gemeinden von Brüssel erschließen. Mit einer Tageskarte kann man reizvoll und gleichermaßen günstig auf Abenteuerfahrten gehen (▶ S. 13).

hübsche Cafés, Restaurants und renommierte Geschäfte untergebracht, viele davon existieren schon seit über 100 Jahren.

Ilôt Sacré | Marché aux Herbes/Rue d'Arenberg | Metro: Bourse

3 Grand' Place (Grote Markt) F 4

Ein wenig Fantasie braucht man schon, um sich das frühere Treiben auf diesem 110 m langen und 68 m breiten, fast rechteckigen Platz vorzustellen: Wo sich heute Reisegruppen drängen, wurden rund 1000 Jahre lang Märkte abgehalten. Geschaffen wurde der Platz, der zum UNESCO-Weltkulturerbe zählt, Ende des 10. Jh., als man die sumpfigen Wiesen der Senne trocken legte. Brüssel entwickelte sich zur bedeutenden Handelsstadt, sodass im Jahr 1402 der Bau des Rathauses (Hôtel de Ville, ▶ S. 60) begann. Nach und nach rahmten Zunft- und Gildehäuser den Platz ein. Ein verheerendes Bombardement durch französische Truppen unter dem Kommando Ludwigs XIV. zerstörte im Jahr 1695 fast alle historischen Gebäude, doch schon drei Jahre später wurden sie in neuer Pracht wieder aufgebaut. So prägen heute barocke, klassizistische und neogotische Elemente das opulente Bild. Dominierend ist das Hôtel de Ville, ihm gegenüber steht die Maison du Roi (▶ S. 62), das Haus der Bäckerzunft, in dem das Stadtmuseum untergebracht ist.

Ilôt Sacré | Metro: Bourse, Gare Centrale

5 Hôtel de Ville (Rathaus) F 4

Leuwen oder Bruxelles, wer wird die schönste Stadt in der belgischen Provinz Brabant und somit Residenz des

Fürstenhofes? Schnell mussten im 15. Jh. die Bauarbeiten für ein repräsentatives Rathaus vorangehen, um die Konkurrenz auszustechen. Es entstand eines der schönsten gotischen Gebäude Belgiens. Dass die Fassade etwas verzogen wirkt, die beiden Flügel unterschiedlich breit sind und weder das zentrale Portal noch der 96 m hohe Turm harmonisch in der Mitte des Hallenbaus liegen, nahm man gerne in Kauf, und dass sich Baumeister Jan van Ruysbroeck wegen dieser architektonischen Schönheitsfehler vom Turm gestürzt habe, ist nur eine Anekdote. Immerhin war das Hôtel de Ville später Vorbild für viele andere mittelalterliche Regierungssitze, z. B. das Rathaus von München. Das fünf Meter hohe, vergoldete Standbild des Stadtpatrons Erzengel Michael auf der Spitze ist ein Werk des Brüsseler Kupferschmieds Martin van Rode von 1455 und dient als Wetterfahne. Sein heutiges Aussehen erhielt der Komplex bei mehreren Renovierungen Mitte des 19. und Anfang des 20. Jh. Bei Führungen kann man u. a. die Ehrentreppe, den Gotischen Ratssaal und die Gemälde der Galerie Grangé besichtigen.

Das Manneken Pis (▶ S. 63) ist das Symbol für die Respektlosigkeit der Brüsseler, die schon zu lange fremden Herrschern unterworfen waren und sich nach Unabhängigkeit sehnten.

Ilôt Sacré │ Grand' Place │ Metro: Bourse │ Di–So 10–17 Uhr, Mi und So Führungen (Infos und Reservierungen unter Tel. 2 79 43 65)

❻ Jardin Botanique   F/G 3

Der ehemalige Botanische Garten am nördlichen Rand des Zentrums überrascht als grüne Idylle mit wilden Tierstatuen aus Bronze und einem originell umfunktionierten Gebäudetrakt: »Le Botanique« (▶ S. 69) ist ein renommiertes Kultur- und Konzertzentrum mit Kino, Bibliothek und dem kleinen Terrassen-Café Bota (▶ S. 67). Angelegt

wurde der Park zwischen 1826 und 1829, im Jahr 1944 verlegte man den Botanischen Garten in den Domain Bouchout nördlich von Brüssel. Die schönen gläsernen Gewächshäuser wurden Anfang der 1980er-Jahre renoviert.

St-Josse │ Rue Royale/Rue Botanique │ Metro: Botanique

❼ Maison du Roi/Broodhuis (Haus des Königs)   F 4

In diesem Gebäude auf der Grand' Place wohnte nie ein König, dafür wurden dort die Grafen Egmont und Hornes einige Stunden vor ihrer öffentlichen

Enthauptung am 5. Juni 1568 gefangen gehalten. Zudem war hier für einige Zeit der Gerichtshof untergebracht, der im Namen des Königs von Spanien urteilte. Gebaut wurde das Haus Anfang des 13. Jh. von der Bäckerzunft, weswegen es auch Broodhuis hieß. 1873 wurde der Komplex abgerissen und von Victor Jamar in mehr als 20-jähriger Arbeit in seinem ursprünglichen Stil neu erbaut. Dort ist u. a. das Stadtmuseum (▶ S. 121) untergebracht.

Ilôt Sacré | Grand'Place | Metro: Bourse

8 Manneken Pis ⚑ E4

Ein winziges Männlein mit Weltruhm. Der Petit Julien (kleiner Julius) wurde 1619 im Auftrag des Magistrats von Jérôme Duquesnoy geschaffen und sollte die Respektlosigkeit der Brüsseler gegenüber jedweder Obrigkeit symbolisieren. Übrigens pinkelt seine »Schwester«, die bronzene Janneke Pis, unverdrossen in einer Nische der nahen Impasse de la Fidelité (Eingang an der Rue des Bouchers).

Das Kerlchen hat eine bewegte Geschichte: 1745 wurde es von den Engländern entführt, zwei Jahre später von den Franzosen. Ludwig XV. ließ ihm als Wiedergutmachung ein Gewand aus Goldbrokat nähen. 1817 raubte ein Ganove das Manneken abermals, am 6. Dez. stellte man eine neue Figur auf den Sockel. Im Laufe der Jahrhunderte wuchs die Garderobe des Kerlchens, mittlerweile sind über 800 Kostüme im Stadtmuseum zu besichtigen. Zu aktuellen Anlässen wird das Manneken ständig neu eingekleidet.

🕐 Wenn schon, dann besuchen Sie Brüssels inoffizielles Maskottchen in einer stillen Vollmondnacht. Mit einem Stativ und Langzeitbelichtung kann man es ungestört in Szene setzen.

Zentrum | Rue de l'Étuve, Ecke Rue du Chêne | Metro: Bourse

9 Notre-Dame du Finistère ⚑ F3

Hell und erhaben begrüßt die Kirche mit dem ungewöhnlichen Glockenportal, die im 18. Jh. außerhalb der Stadtbefestigung entstand, ihre Besucher. Weiße Marmoraltäre und eine einzigartige Holzkanzel aus dem Jahr 1758, die Moses und den Baum des Lebens darstellt, sind die Schätze dieses Gotteshauses, in dem im Sommer Orgelkonzerte stattfinden (▶ S. 51).

Zentrum | 74, Rue Neuve | Metro: Bourse | Mo–Fr 8.30–18 Uhr, Sa 9.30–18 Uhr, So 9.30–12.30 Uhr

10 Place de la Monnaie ⚑ F3

Die Place de la Monnaie, an der die Oper steht, ist ein typisches Beispiel für Brüsseler Bausünden der 1960er-Jahre. Im Jahr 1965 wurde das schöne alte Postgebäude abgerissen, stattdessen errichtete man das hässlich nüchterne Centre Monnaie, ein Einkaufszentrum (derzeit City 2). Inzwischen kaschieren die Stadtplaner ihre modernistischen Fehler mit originellen Bushaltestellen, Grünflächen und Fassadenkosmetik.

Ilôt Sacré | Pl. de la Monnaie | Metro: De Brouckère

11 Place des Martyrs ⚑ F3

Patria, ein Monument mit vier weinenden Frauen aus Marmor, erinnert auf dem im 18. Jh. gestalteten neoklassizistischen Place des Martyrs östlich der Rue Neuve an die Opfer des belgischen Unabhängigkeitskampfes im Herbst 1830. Rund 466 Märtyrer des nationalen Aufstandes wurden in der Mitte des Karees beigesetzt.

Ilôt Sacré | Pl. des Martyrs | Metro: Gare Centrale

⭐ St-Michel et Ste-Gudule ⚑ F 3/4

Victor Hugo bezeichnete die Kathedrale zwischen Oberstadt und Unterstadt als die »stilechteste gotische Kirche«. Mit ihren beiden stumpfen Türmen erinnert sie an die Notre-Dame in Paris. Mit dem Bau des Gotteshauses wurde Anfang des 13. Jh. begonnen, er dauerte bis zum Ende des 15. Jh. Somit zeigen sie im Chor Elemente der Frühgotik, in den Schiffen jene der Hoch- und an den Türmen solche der Spätgotik. Das Gebäude ist 108 m lang, 50 m breit, die Türme messen je 69 m, 299 Stufen führen hinauf. Ein Teil der 1200 Malereien in den 16 bleiverglasten Fenstern ist original aus dem 16. Jh. erhalten, u. a. die fünf Fenster im Chor, die Hofglasmaler Jean Haeck im Auftrag von Kaiser Karl V. und seiner Frau Isabella von Portugal gefertigt hat.

Im Chor sind die Grabdenkmäler des Herzogs Jan von Brabant und seiner Frau Margarete von York aus dem 14. Jh. zu finden. Die von Henri-F. Verbruggen im Jahr 1669 holzgeschnitzte Kanzel im Mittelschiff ist ein großartiges Beispiel belgischer Barockkunst. Sie zeigt die Vertreibung von Adam und Eva aus dem Paradies.

Zentrum | Pl. Ste-Gudule | Metro: Gare Centrale | Mo–Fr 8–18, Sa und So 8.30–18 Uhr

⑫ St-Nicolas ⚑ F 3

Die St-Nikolas-Kirche nahe der Börse wurde im 11. und 12. Jh. von der Gilde der Kaufleute zu Ehren ihres Schutzpat-

rons gebaut. 1695 wurde auch sie beim Angriff der Franzosen zerstört und – mit Ausnahme des mächtigen Glockenturms – in den Folgejahren wieder aufgebaut. Bemerkenswert sind die holzgetäfelten Innenwände, die eine behagliche Stimmung ausstrahlen.

Ilôt Sacré | Rue de Tabora/Petite rue au Beurre | Metro: Bourse | tgl. 9.30–18 Uhr

⑬ Théâtre Royal de la Monnaie (De Munt) ⚑ F 3

1698 gebaut, wurde das Opernhaus nach dem ehemaligen Münzgebäude benannt, das bis 1531 an dieser Stelle stand. 1819 riss man die Oper ab und ersetzte sie durch ein neues Gebäude, das 1855 nach einem Brand sein jetziges neoklassizistisches Aussehen erhielt. Bemerkenswert sind die mondäne Eingangshalle mit dem schwarz-weißen Bodenmosaik und ein historisches Schlüsselereignis: Am 25. August 1830 begann in dieser Oper der Befreiungskampf der Belgier gegen die holländischen Besatzer. Als Aubers Oper »La Muette de Portici« (deutsch »Die Stumme von Portici«) aufgeführt wurde und die Arie »Zu den Waffen« erklang, stürmte das Publikum auf die Straße und der Aufstand begann.

Ilôt Sacré | Pl. de la Monnaie | Metro: Bourse | www.lamonnaie.be

⑭ Zunfthäuser ⚑ F 4

Einige Zunfthäuser auf der Grand' Place verdienen wegen ihrer Pracht und historischen Bedeutung ein besonderes Augenmerk: Neben der Maison du Roi (▶ S. 62) stehen im Uhrzeigersinn das Chambrette de l'Amman sowie die beiden Häuser Le Pigeon (die Taube) der

Historische Schwergewichte, gehüllt in herrliche Jugendstilfassaden, reihen sich aneinander: Jedes der prächtigen Zunfthäuser (▶ S. 64) erzählt seine eigene Geschichte.

Malerinnungen (Nr. 26/27) aus dem Jahr 1697. Hier wohnte 1852 der französische Dichter Victor Hugo. Die Chaloupe d'Or (Goldschaluppe, Nr. 24/25) gehörte den Schneidern. Das Eckhaus zur Rue de la Colline (Nr. 20) nennt sich Cerf Volant (fliegender Hirsch). Fast die gesamte Südostseite des Platzes zwischen Rue de la Colline und Rue des Chapeliers wird La Maison des Ducs de Brabant genannt, besteht aber aus sechs Häusern (Nr. 13–19), die den Gerbern, Müllern, Tischlern und Steinmetzen gehörten. Das Eckhaus an der Stirnseite des Platzes zur Rue des Chapeliers heißt Le Roi de Bavière (Haus des Königs von Bayern).

Auf der Rathausseite ist das Haus der Brauer (L'Arbre d'Or, Nr. 10) am schönsten Dach des Platzes zu erkennen. Dort thront der goldene Karl von Lothringen, die Fassade schmücken Reliefs, die der Hopfenernte und dem Biertransport gewidmet sind. Ursprünglich im 15. Jh. von den Webern erbaut, fiel es beim großen Brand von 1695 den Flammen zum Opfer. Die Brauer bauten es in aller Pracht wieder auf. Darin ist heute das Brauereimuseum (▶ S. 113) untergebracht. Direkt daneben steht Le Cygne (der Schwan). In diesem Haus der Fleischer aus dem Jahr 1698 gründete Karl Marx 1847 den Deutschen Arbeiter- und Bildungsverein. Dort schrieb er auch zusammen mit Friedrich Engels Teile des »Kommunistischen Manifests«.

L'Étoile (der Stern, Nr. 8) an der Ecke zur Rue Charles Buls ist das kleinste und älteste Haus am Platz. Es stammt aus dem 13. Jh. und wurde nach seiner Zerstörung 1695 wieder aufgebaut. Der

Säulengang zur Rue Charles Buls kam erst 1852 hinzu, man brauchte schlicht Platz für die Straße. Die Bronzefigur stellt Everard 't Serclaes dar, einen Helden aus dem 14. Jh., der die Stadt mehrmals gegen Angreifer verteidigt hat. Berührt man seinen Arm, bringt das Glück – so heißt es.

Das erste Haus an der Nordostseite bei der Rue de la Tête d'Or bauten die Kurzwarenhändler und nannten es Le Renard (der Fuchs, Nr. 5). Le Cornet (das Füllhorn, Nr. 6) heißt dagegen das Gebäude der Flussschiffer aus dem Jahr 1434; der Giebel erinnert an ein Schiff. Die Fettsieder erstellten das Haus La Brouette (die Schubkarre, Nr. 2/3) daneben. Über den Fenstern im zweiten Stock steht das Baujahr 1697 geschrieben, zwei Jahre nach dem großen Brand. Die beiden Eckhäuser zur Rue au Beurre (Nr. 1) schließlich gehörten den Bäckern, die sie Le Roi d'Espagne nannten.

Ilôt Sacré | Grand'Place | Metro: Gare Centrale, Bourse

MUSEEN UND GALERIEN

⑮ Belgisches Brauereimuseum ▸ S. 113

🔟 Belgisches Comic-Zentrum ▸ S. 113

⑯ Éditions Jacques Brel ▸ S. 115

⑰ Kostüm- und Spitzenmuseum ▸ S. 116

⑱ Maison du Folklore et des Traditions ▸ S. 116

⑲ Marc Sleen Museum ▸ S. 117

⑳ Marionettenmuseum ▸ S. 117

㉑ Musée du Cacao et du Chocolat ▸ S. 118

㉒ Musée Fin-de-Siècle ▸ S. 118

㉓ Stadtmuseum ▸ S. 121

ESSEN UND TRINKEN

RESTAURANTS

㉔ Aux Armes de Bruxelles ▸ S. 28

㉕ Belga Queen 🔖 F 3

Schickeria-Treffpunkt – Grandios ausgestatteter Szenetreff in der ehemaligen Hauptpost; mittags serviert man leichte Menüs, abends klassische Köstlichkeiten der belgischen Küche.

Zentrum | 32, Rue du Fossé aux Loups | Metro: De Brouckère | Tel. 2 17 21 87 | www.belgaqueen.be | tgl. 12–14.30 und 19–24 Uhr | €€€

㉖ Bleu de Toi 🔖 E 4

Blaues Wunder für Genießer – Fantasievoll gestaltetes, exquisites Meeresfrüchtelokal mit einer erlesenen Weinkarte und einer hübschen Dachterrasse.

Zentrum | 73, Rue des Alexiens | Metro: Anneessens | Tel. 5 02 43 71 | www.bleudetoi.be | Mo–Sa 19–23 Uhr | €€€

㉗ La Maison du Cygne ▸ S. 28

㉘ La Roue d'Or 🔖 F 4

Lässiger Jugendstil – Kleines Restaurant im Art-déco-Stil mit bemalter Decke und lockerer Atmosphäre. Rechts befindet sich eine lange Theke, links eine Reihe Tische und hinter einer Glasscheibe kann man den Köchen beim Zaubern zusehen.

Ilôt Sacré | 26, Rue des Chapeliers | Metro: Bourse, De Brouckère | Tel. 5 14 25 54 | tgl. 12–0.30 Uhr | €€

㉙ Taverne du Passage 🔖 F 4

Deftig belgisch – Klassische Brasserie mit schwarz-weißem Kachelboden unter großen Ventilatoren. Seit dem Jahr 1928 hat sich wenig verändert, die Küche ist deftig belgisch, der Service korrekt. Die »Waterzooi« ist hier besonders zu empfehlen. Bemerkenswert ist die Weinkarte mit großen französischen Namen zu erschwinglichen Preisen.

Ilôt Sacré | 30, Galerie de la Reine | Metro: Bourse | Tel. 5 12 37 31 | www.taverne dupassage.be | tgl. 12–24 Uhr | €€

BARS UND KNEIPEN

 Le Cirio   F 3

Stammkneipe an der Börse – Hier hat sich seit dem Jahr 1886 kaum etwas verändert. Die Herrschaften und Damenzirkel trinken starkes Bier oder schwarzen Kaffee. Eine Brüsseler Institution direkt im Trubel an der Börse.

Ilôt Sacré | 18, Rue de la Bourse | Metro: Bourse | tgl. 10–24 Uhr | €

③① T'kelderke   F 4

Historischer Bierkeller – Bei Einheimischen und Touristen gleichermaßen beliebter Bierkeller aus dem 17. Jh., mit reicher Auswahl an Bierspezialitäten und leckeren Snacks.

Ilôt Sacré | 15, Grand' Place | Metro: Bourse | Tel. 5 13 73 44 | www.restaurant-het-kelderke.be | Mo-Fr 12–14.30 und 18–23 Uhr, Sa und So 12–23 Uhr | €€

BRASSERIEN

③② Café Bota   G 3

Grüne Idylle – Angenehm ruhig gelegene Brasserie mit Terrasse zum alten Botanischen Garten; italienische Küche und gute Weinauswahl, am Wochenende oft Livemusik.

St-Josse | 236, Rue Royale | Metro: Botanique | tgl. 11–24 Uhr | €

③③ Le Falstaff   E 4

In-Treff im Jugendstil – In dieser Brasserie trifft man sich zum Essen und Trinken, aber natürlich auch zum Sehen und Gesehenwerden – und das

Das Restaurant Belga Queen (▶ S. 66) bringt die belgische Küche auf den Punkt. Hier stimmt alles, von den erstklassigen Menüs bis zum stilvollen Ambiente.

nun schon seit einem Jahrhundert. Platz nehmen kann man entweder drinnen in den Jugendstilhallen oder draußen auf der im Winter beheizten Terrasse neben der Börse.

Ilôt Sacré | 17–25, Rue Henri Maus | Metro: Bourse | www.lefalstaff.be | tgl. 12–2 Uhr | €€

EINKAUFEN

BÜCHER UND KARTEN

34 Brüsel E 4

Riesige Auswahl an Comics, Mangas und Fantasy-Literatur aus aller Welt, dazu ein großes Comic-Antiquariat und wechselnde Ausstellungen.

Zentrum | 100, Bd. Anspach | Metro: Bourse | Tel. 2 51 10 89 | www.brusel.com

35 Librairie des Galeries F 3

Große Auswahl an prachtvollen Kunstbüchern.

Ilôt Sacré | 2, Galerie du Roi | Metro: Bourse

36 Plaizier ▸ S. 35
37 Tropismes Libraire ▸ S. 12

LEBENSMITTEL

38 Aux Gateaux de Bruxelles F 4

Hervorragende Kuchen und Törtchen sowie köstliche »gaufres«, Brüsseler Waffeln, sind jede süße Sünde wert.

Ilôt Sacré | 113, Rue de Marché aux Herbes | Metro: Bourse

39 Corica F 3

27 Sorten bester Arabica-Bohnen werden frisch geröstet und aufgebrüht zum Probieren ausgeschenkt und verkauft.

Ilôt Sacré | 49, Rue du Marché aux Poulets | Metro: Bourse | im August Betriebsurlaub

40 Dandoy F 3/4

Alteingesessene Bäckerei für würzigen Spekulatius bis zu einem Meter Größe. Außerdem Plätzchen und Biskuits.

Ilôt Sacré | 31, Rue au Beurre | Metro: De Brouckère

41 Fromage Langhendries F 3

Seit 65 Jahren exquisites Fachgeschäft mit über 200 Sorten Käseköstlichkeiten aus Frankreich und Belgien. Besondere Spezialität sind die luftgetrockneten, über Jahre gereiften Laibe.

Ilôt Sacré | 41, Rue de la Fourche | Metro: Bourse, De Brouckère

GESCHENKE

42 Agora F 4

Je schriller, desto lieber. In der Passage sowie auf den Ständen rund um die Skulptur des Bürgermeisters Karel Buls auf dem Grasmarkt gibt es Schmuck, Accessoires, Kunsthandwerk, Ramsch und Outfits für optische Querschläger.

Ilôt Sacré | Rue Marché aux Herbes | Metro: Gare Centrale

MÄRKTE

43 Marché du Midi ▸ S. 36

MODE UND SCHMUCK

44 Danaqué F 3

Individuell und extravagant sind die Kleider für modemutige Damen, die Mia Van Eeghem entwirft. Ihr Stil ist dezent exzentrisch, aber immer gesellschaftsfähig.

Ilôt Sacré | 2, Galerie des Princes | Metro: Gare Centrale | Mo–Sa 11–18.30 Uhr

45 Delvaux F 4

Edle Taschen, Gürtel und Accessoires der belgischen Traditionsmarke locken seit 100 Jahren die Kunden an. Im Brüsseler Stammgeschäft werden die Kollektionen pompös präsentiert.

Ilôt Sacré | 31, Galerie de la Reine | Metro: Bourse, De Brouckère | www.delvaux.com

46 Ganterie Italienne ⚓ F 4

Seit 1890 verkauft man hier allerfeinste Handschuhe aus Leder in teils klassischen, teils verwegenen Farben. Die edlen Stücke sind in einer Wand mit großen Holzschubladen verstaut.

Ilôt Sacré | 3, Galerie de la Reine | Metro: Bourse, De Brouckère

47 Kaat Tilley ▸ S. 37

48 Manufacture Belge des Dentelles ⚓ F 4

Seit 1810 zieren traditionelle Klöppelspitzen Taschentücher und Krägen.

Ilôt Sacré | 6–8, Galerie de la Reine | Metro: Bourse

SCHOKOLADE

49 Confiserie Neuhaus ⚓ F 4

1857 begann der Apotheker Jean Neuhaus, bitteren Pillen mit Schokolade zu versüßen. Sein Urenkel ist nun der bekannteste Pralinenmacher Belgiens.

Ilôt Sacré | 25–27, Galerie de la Reine | Metro: Bourse, De Brouckère

KULTUR UND UNTERHALTUNG

KINO

50 Arenberg Galeries ⚓ F 3

Abwechslungsreiches Programmkino mit nostalgischem Charme. Meist Originale mit französischen Untertiteln.

Ilôt Sacré | 26, Galerie de la Reine | Metro: Bourse, De Brouckère | Tel. 5 12 80 63 | www.arenberg.be

MUSIK

51 L'Ancienne Belgique (Club AB) ⚓ E 4

Beliebte Bühne für Rock- und Popmusiker aus aller Welt, die den direkten Kontakt mit ihrem Publikum lieben. Zudem viele Konzerte der Flämisch singenden Musikszene Belgiens.

Zentrum | 110, Bd. Anspach | Metro: Bourse | Tel. 5 48 24 84 | www.abconcerts.be

52 Le Botanique ⚓ G 3

In diesem vielseitigen Kulturzentrum, in den schönen Gewächshäusern des ehemaligen Botanischen Gartens gelegen, werden gewinnende, experimentierfreudige Jazz-, Rock-, Klassik- und Weltmusikkonzerte gespielt.

St-Josse | 236, Rue Royale | Metro: Botanique | Tel. 2 18 37 32 | www.botanique.be

53 Jazzstation ▸ S. 41

54 The Music Village ⚓ F 4

In einer ehemaligen Eisenwarenhandlung entstand unter der Ägide von Paul Huygens ein lebhafter Treffpunkt für Freunde der Jazzmusik mit gepflegter Küche und mindestens vier Konzertterminen pro Woche.

Zentrum | 50, Rue des Pierres | Metro: Bourse | Tel. 5 13 13 45 | www.themusic village.com | tgl. ab 18 Uhr

THEATER

55 Kaaitheater ▸ S. 40
56 Théâtre National de Belgique ▸ S. 40
57 Théâtre Royal La Monnaie (De Munt) ▸ S. 39, 64
58 Théâtre Toone ▸ S. 40

MONT DES ARTS ⭐

Hell und mondän begrüßt der »Berg der Künste« alle Besucher,
die auf breiten Steinstufen vom historischen Zentrum heraufsteigen,
um den alten flämischen Meistern, den Surrealisten, dem Königtum
und den Stars des Jugendstils zu huldigen.

Auf Geheiß von König Leopold II., der sich als kultivierter Förderer der nationalen Künste inszenierte, entstanden Ende des 19. Jh. am steilen Osthang der Senne prachtvolle Parkanlagen und Kulturtempel, von der Nationalbibliothek an der Place de l'Albertine bis zu den Musées des Beaux Arts an der Place Royale. Soldatenkönig Albert I., der 1909 bis 1934 auf dem belgischen Thron saß, wacht stolz als Reiterstandbild über das Museumsviertel. Das Denkmal für Leopold II. dagegen, von 1865 bis 1909 König der Belgier, steht etwas abseits an der Place du Trone.

KUNST IM GEMÜSEBEET

Dass für die ehrgeizige Baumaßnahme mehrere historische Wohnquartiere zerstört wurden, wird dezent verschwiegen. Und an das Elend in der königlichen Privatkolonie Kongo, die Leopold II. rücksichtslos ausplün-

◄ Den Garten des Mont des Arts (▶ MERIAN TopTen, S. 70) gestaltete Pierre Vacherot.

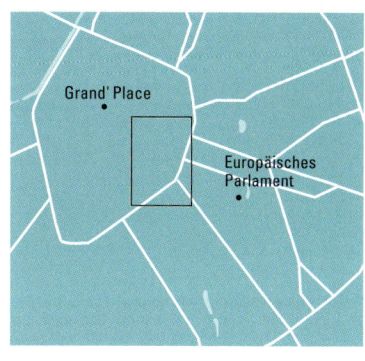

dern ließ, um mit dem Gewinn aus Kautschuk und Elfenbein u. a. seine opulenten Baupläne zu finanzieren, erinnert nicht einmal eine Gedenkplakette. Stattdessen weisen bunte Fahnen auf international bedeutende Ausstellungen hin und in den Beeten der aufwendig modernisierten Anlage wachsen die ersten Früchte eines »Urban-Gardening«-Projekts, das den Brüsselern eine nachhaltige Lebensweise und eigenhändig angebautes Gemüse schmackhaft machen soll.

An die Museen und Konzerthallen des Mont des Arts schließen sich im Nordosten der Königliche Palast sowie die neoklassizistischen Prachtbauten des Quartier Royal am Parc de Bruxelles an, in denen heute überwiegend Ämter und Gremien des komplexen Verwaltungsapparates residieren.

SEHENSWERTES

❶ Albertinum (Nationalbibliothek) ⚑ F 4

Die monumentale königliche Bibliothek (Bibliothèque Royale de Belgique) steht am unteren Ende des Mont des Arts. Sie wurde zu Ehren von König Albert I. eingerichtet und umfasst mehr als eine Million Bücher und historische Manuskripte, dazu einen prächtigen Lesesaal und Ausstellungsräume. Auf der Dachterrasse bietet die Bibliothek eine Kantine mit Ausblick (▶ S. 13).
Metro: Gare Centrale | Mo–Fr 9–19, Sa 9–17 Uhr | www.kbr.be

❷ bip (Brussels Info Place) ⚑ F 4

In einem klassizistischen Stadtpalais bietet das zentrale Besucherzentrum flott aufgemachtes, umfangreiches In-

Albertinum (Nationalbibliothek)

Weitblick mit Gemüsekost genießt man von der Dachterrasse der Nationalbibliothek. Die Cafeteria des Hauses bietet für wenige Euro vorzüglichen Kaffee und kleine Gerichte aus der Bio-Küche (▶ S. 13).

fomaterial an. Die multimediale Ausstellung »experience brussels« im Obergeschoss erlaubt zudem ungewöhnliche Einblicke in die Struktur der Stadt und hinter die Fassade eines hochherrschaftlichen Gebäudes.
2–4 Rue Royale | Metro: Gare Centrale | tgl. 10–17.30 Uhr | Tel. 56 32 00 | www.biponline.be

3 Bozar/Palais des Beaux-Arts

🍃 F 4

Der Palast der Schönen Künste wurde 1928 von dem bekannten Jugendstilarchitekten Victor Horta im Art-déco-Stil erbaut. Nach umfangreichen Umbauten erstrahlt das Kulturzentrum mit angeschlossenem Filmmuseum in opulentem Glanz. Mit über 250 Veranstaltungen pro Jahr ist der Bozar einer der bedeutendsten Konzerthallen des Landes. Seit Kurzem serviert Küchenstar David Martin in der Brasserie Eat & Drink die kulinarischen Zugaben für ein rundum gelungenes Kulturerlebnis.

23, Rue Ravenstein | Metro: Gare Centrale | tgl. 10–18 Uhr, bei Veranstaltungen bis 23 Uhr | www.bozar.com

4 Coudenberg

🍃 F 4

Auch wenn von der mittelalterlichen Residenz der Herzöge von Brabant und vom glanzvollen Palast der spanisch-habsburgischen Herrscher des 16./17. Jh. nach dem Brand von 1731 nur noch die Kellergewölbe unter der Place Royale erhalten sind, so erlauben die versteckten Mauern des Coudenbergs doch beeindruckende Einblicke in den historischen Untergrund: Weinkeller, geheime Kammern, die uralte Isabellengasse und Reste der Kapelle Kaiser Karls V.

7, Pl. des Palais | Metro: Parc | www.coudenberg.com

5 Hôtel de Clèves-Ravenstein

🍃 F 4

Schmucke Treppengiebel und eine typische Klinkerfassade aus dem 15./16. Jh. schmücken den alten Adelshof der Herren von Kleve-Ravenstein am Hang des Hofberges. Der Gebäudetrakt ist eines der wenigen erhaltenen Relikte aus dem Mittelalter. Eine Pforte führt zur idyllischen Rue Terarken, einer Sackgasse in die Vergangenheit.

27, Rue Ravenstein | Metro: Gare Centrale

6 Palais Charles de Lorraine

🍃 F 4

1756 ließ Prinz Karl von Lothringen, der ehrgeizige Generalgouverneur der Österreichischen Niederlande, die alte Stadtresidenz der Grafen von Nassau zu einem prunkvollen neoklassizistischen Palast umbauen, wo er nicht nur politische Gesandte, sondern auch zahlreiche hübsche Brüsselerinnen empfing. Heute ist der Palais Teil der Königlichen Bibliothek, das Treppenhaus und einige Räume im höfischen Stil des 18. Jh. sind mittwochs und sonntags von 13 bis 17 Uhr zugänglich.

1, Pl. du Musée | Metro: Gare Centrale

7 Palais de la Nation

🍃 G 4

Hier ist der Sitz des Belgischen Senats und der Abgeordnetenkammer. Der Bau wurde 1783 vom französischen Architekten Barnabé Guimard im klassizistischen Stil erbaut. Er liegt direkt am Parc de Bruxelles. Das Palais hieß zuerst Conseil de Brabant, wurde aber 1830 nach der Revolution in Palais de la Nation umbenannt. 1883 zerstörte ein Feuer große Teile des Gebäudes, doch es wurde originalgetreu wiederaufgebaut. An sitzungsfreien Tagen kann man es besichtigen, allerdings muss man sich einer Gruppe anschließen.

Parc, 16, Rue de la Loi | Metro: Parc | www.dekamer.be

8 Palais du Roi (Königspalast)

🍃 F/G 4

Im Hochsommer, wenn auch die belgischen Royals Urlaub machen, darf man

© MERIAN-Kartographie

zu Königs nach Hause – dann sind Teile des königlichen Schlosses für Besucher geöffnet. Weht die Fahne auf dem Dach, so weiß man, dass der König im Palast weilt. Das ist allerdings selten der Fall, da die Wohngemächer im Château Royal in Laeken sind. Im Stadtschloss werden nur Empfänge und Festlichkeiten abgehalten. Weht die belgische Flagge auf dem Dach, ist König Philippe anwesend und erfüllt seine repräsentativen Aufgaben.

Gebaut wurde das Schloss in mehreren Etappen an die Stelle der alten Herzogsburg, die 1731 abgebrannt ist. Eine Magd soll beim Marmeladekochen etwas ungeschickt gewesen sein. Zuerst erstellte man zwei Gebäude, die durch eine Straße getrennt waren. Die Verbindung schuf König Wilhelm I. in den Jahren 1826–1829. Sein heutiges Ausse-

hen erhielt der Palast 1904 während der Amtszeit von König Leopold II. Er beauftragte auch den Architekten Henri Maquet mit der Fassadengestaltung im Stil von Louis XIV.

Parc, Pl. des Palais | Metro: Luxembourg | Aug.–Mitte Sept. tgl. außer Mo 10.30–16.30 Uhr

⑨ Parc de Bruxelles (Warandepark)
G 4

Gegenüber dem Königspalast liegt der zentrale Park mit dem Grundriss eines geöffneten Zirkels. Er wurde 1776 als Jagdgehege für die Herzöge von Brabant angelegt. 1830 kam es hier zu blutigen Kämpfen gegen die Holländer. Sein heutiges, fast verspieltes Aussehen erhielt der Park um das Jahr 1835 von dem Gartenarchitekten Zinner. Er baute die Springbrunnen und stellte Skulp-

turen auf. Im Sommer finden hier Gratiskonzerte und Tanzabende statt.
Parc, Rue de la Loi | Metro: Parc

10 Place Royale F 4

Dieser klassizistische Platz erhielt seine bemerkenswerte Gestaltung zusammen mit der Rue Royale und den übrigen Straßen rund um den Parc de Bruxelles in den Jahren 1773–1780 von dem Architekten Barnabé Guimard. Zentraler Punkt ist das Reiterstandbild des Gottfried von Bouillon, der 1097 den ersten Kreuzzug nach Jerusalem angeführt hat. Der rechteckige Platz wird von stattlichen Gebäuden gesäumt, unter anderem von der weißen Hofkirche St-Jacques-sur-Coudenberg (▸ S. 74).
Jahrhunderte kursierte das Gerücht, unter dem Platz verlaufe ein verzweigtes Katakombensystem, um den Herrschern bei Gefahr die Flucht aus dem Palast zu ermöglichen. Doch falls es diese Gänge je gab, so sind sie spätestens im Zweiten Weltkrieg zerstört worden.
Pl. Royale | Metro: Parc

11 St-Jacques-sur-Coudenberg
F 4

Die heutige Hofkirche des belgischen Königshauses ließ Generalgouverneur Karl Alexander von Lothringen ab 1776 bauen. Das Gotteshaus wirkt relativ schlicht, denn das Geld in der Kasse der damals habsburgischen Niederlande war knapp. Für den Bau des Gotteshauses musste der König sogar das Rubens-Triptychon veräußern, das seine Tochter Isabella für diese Kirche in Auftrag gegeben hatte. Die Seitenschiffe bekam die Kirche dann erst in der zweiten Hälfte des 19. Jh., ebenso den achteckigen Turm.

Pl. Royale | Metro: Gare Centrale | Di–Sa 13–17.45, So 8.30–17.45 Uhr

MUSEEN UND GALERIEN

12 Bozar/Palais des Beaux-Arts
▸ S. 114
13 Coudenberg ▸ S. 115
14 Kinomuseum Cinematek ▸ S. 116
15 Musée BELvue ▸ S. 117
16 Museum für Alte Kunst ▸ S. 119
17 Musikinstrumentenmuseum MIM ▸ S. 120

ESSEN UND TRINKEN
RESTAURANTS
18 Kwint ▸ S. 28

CAFÉS
19 Green Kitchen F 4

Freundliche Salatbar und Gartenrestaurant im Museum BELvue mit tagesfrischen kleinen Speisen sowie hausgemachtem Gebäck; ideal für eine entspannte Mittagspause.
Pl. des Palais | Metro: Parc | tgl. 10–18 Uhr

BRASSERIEN
20 Museum Brasserie F 4

Allein die räumliche Nähe zu den großen Kunstwerken des Landes sowie das großartige Ambiente in den nostalgischen Räumen verpflichtet den Küchenchef Peter Goosens in der eleganten Brasserie wie auch im legeren Café des Museumskomplexes am Mont des Arts zu Kreativität und kulinarischer Meisterschaft.
3, Rue de la Régence | Metro: Parc | Tel. 5 08 35 80 | www.museumfood.be | Di–Sa 12–14.30 und 18.30–22.30 Uhr, So 12–14.30 Uhr, Museumscafé Di–So 10–17 Uhr | €€–€€€

EINKAUFEN

KUNST UND GESCHENKE

21 Magritte Gallery F 4

Ein großes Sortiment an limitierten Auflagen von Drucken und Skulpturen sowie vielsprachige Literatur zum Surrealismus und eine originelle Merchandising-Kollektion.

76/78 Coudenberg | Metro: Gare Centrale | Di–So 10–19 Uhr

LEBENSMITTEL

22 Chocolatier Laurent Gerbaud 🚩 F 4

Ebenso gerne wie mit außergewöhnlichen Zutaten spielt der Schokoladen-Shootingstar mit seinem Image als leicht verwuschelter und immer fröhlicher, großer Goldjunge. Exotische Gewürze, hauchdünne Fruchtverzierungen und die perfekte Inszenierung von Schokolade als Luxusgut prägen seinen verführerischen Stil. Dass auch der begleitende Espresso zum süßen Œuvre höchsten Ansprüchen genügt, versteht sich von selbst.

2D, Rue Ravenstein | Metro: Gare Centrale | Tel. 5 11 16 02 | www.chocolats gerbaud.be | €€

MUSIK

23 La Boite à Musique F 4

International bekannter Spezialist und königlicher Hoflieferant für klassische Musik auf CD und DVD.

74, Coudenberg | Metro: Gare Centrale | Tel. 5 13 09 65 | Mo–Sa 9–18.30 Uhr, So 11.30–17.30 Uhr

MODE

24 White Design Outlet Store F 5

Schnäppchenjäger mit hohen Ansprüchen finden hier Möbel aus brandaktu-ellen Kollektionen sowie besonders günstige Restposten belgischer Design-klassiker.

61B, Rue de la Regence | Metro: Porte de Namur | www.white-design.be | Di–Sa 10.30–18 Uhr

KULTUR UND UNTERHALTUNG

KINO

25 Kinomuseum Cinematek F 4

Ausgewählte Filmklassiker und -raritäten, Themenabende und eigenwillige Kleinfestivals für Cineasten (▶ S. 116).

9, Rue Baron Horta | Metro: Gare Centrale | Tel. 5 51 19 19 | www.cinematheque.be

KONZERT

26 Conservatoire Royal de Musique F 5

Vor allem im Herbst und Winter spielen Meisterschüler, das Orchester und internationale Gastensembles klassische Konzerte. Das Orchester steht unter der künstlerischen Leitung von Direktor Frédéric de Roos.

30, Rue de la Régence | Metro: Porte de Namur | Tel. 5 11 04 27 | www.conservatoire.be

KULTURZENTREN

27 Bozar/Palais des Beaux-Arts
▶ S. 72, 114

THEATER

28 Théâtre Royal du Parc G 4

Klassisches Theater und opulente Spektakel sind die Schwerpunkte in dem konsequent französischsprachigen Programm, das im eleganten klassizistischen Gebäude aufgeführt wird.

Parc, 3, Rue de la Loi | Metro: Arts-Loi | Tel. 5 05 30 30 | www.theatreduparc.be

Im Fokus
Helden auf Papier und Wänden

*Starke Figuren mit klarem Strich und einfachen Botschaften sind
die idealen Reiseleiter für einen Streifzug der bunten Art.
Der Comic-Spaziergang führt auf 28 Stationen zu den Stars der
für Belgien so typischen »Neunten Kunst«.*

Überdimensional an Hauswände gemalt leiten der elegante Musketier
Scorpion, Cori, der Schiffsjunge, die Marsupilamis mit ihren superlangen
Ringelschwänzen und Asterix, der schlagkräftige Gallier, die Lustwandler
auf der Comicstrip-Route durch die Innenstadt. Was mit den beiden Gas-
senjungen von Frank Pé begann, die nach ein paar farbintensiven Tagen
im Juli 1991 eine nüchterne Häuserfront am Plattesteen verschönerten,
hat sich inzwischen zum originellen Markenzeichen im Stadttourismus
entwickelt. Comics sind in Brüssel Kult und überall präsent.
Als die ersten Comic-Figuren auf grauen Wänden erschienen, wollten
Zeichenkünstler wie Pé, Francois Schuiten und Philippe Geluck vor allem
auf die Verwahrlosung von Innenstadtquartieren, auf brüchige Mauern
und überfällige Sanierungen hinweisen. Schnell erkannten die Inhaber
von Schallplattenläden, Boutiquen und Souvenirbuden, dass bunt bemalte Wände mit fröhlichen Fantasiegestalten die Geschäfte ankurbeln, der
Siegeszug der Comik-Kunst sprang über vom bedruckten Papier auf

◀ Hier und da gerät man auf Brüssels Straßen
unverhofft in ein Tim-&-Struppi-Abenteuer.

langweilige Fassaden. Inzwischen gehört es zum Marketingkonzept von angesagten Brüsseler Bars, Hotels und Szeneläden, ein gut sichtbares, gerne auch provokantes Großgemälde vorzuweisen. Sie schmücken ihre Fassaden mit Street Art für die jugendlich-wilde Kundschaft.

HIHIHI, URPS, ZONK UND YEAH!

Kinder lieben die knubbeligen blauen Schlümpfe und den schlaksigen Cowboy Lucky Luke, der endlos hinter den doofen Dalton-Brüdern her ist. Hihihi, urps, zonk und yeah! Kleine Geschichten mit knappen Sprechblasen und einem Happy End sind die Comic-Klassiker, ihr Superstar ist nach wie vor die amerikanische Mickey Maus von Walt Disney. Die Stars der belgischen Szene jedoch sind etwas komplexere Typen: Antihelden vom Schlage eines Gaston Lagaffe, der melancholische Engel von Yslaire, der Spion Victor Sackville von Francis Carin und vor allem der blonde Tintin, in Deutschland besser bekannt als Tim mit seinem weißen Hund Snowy bzw. Struppi. Seit sogar Regisseur Steven Spielberg die Abenteuer von Tintin & Snowy für drehbuchtauglich befand und auch die Schlümpfe weltweit über die Leinwände purzeln, kennt die Comic-Manie in Brüssel keine Grenzen mehr:

Wer will, kann dem neugierigen kleinen Reporter aus der Feder von Hergé, bürgerlich Georges Prosper Rémi aus Etterbeek (1907–1983), stundenlang durch die Stadt folgen. Ein spezieller Plan weist hin auf originale Schauplätze, die in den Comics als Kulisse dienten, auf das Verlagsgebäude der Editions du Lombard in der Nähe der Gare-du-Midi, auf bemalte U-Bahnhöfe und die großen Wandgemälde mit Motiven aus den Büchern um Tintin & Snowy, Kapitän Haddock oder Quick & Flupke. Die viel fotografierte Treppenszene kann man übrigens nur wenige Schritte entfernt vom Manneken Pis in der Rue de l'Étuve bewundern.

Vor allem im frühen 20. Jh. spiegelten die abenteuerlichen Storys des Reporters Tintin, die Hergé seit 1929 zu Papier brachte, das Weltbild der kleinen Nation wider: Naiv, neugierig, mutig und abenteuerlustig gerieten Tim & Struppi in Gefahren und erkundeten vom heimeligen Brüssel aus die Welt, gerne im Konflikt mit kadavergehorsamen Polizisten und anderen unsympathischen Vertretern der Obrigkeit. Heute kritisieren junge Zeichner das unpolitische Weltbild ihrer Grandseigneurs, malen wütend und mit starken Kontrasten an gegen Umweltverschmutzung und globale Ungerechtigkeit, gegen Gangsterkartelle, Cyberkriege oder die Diskriminierung von Frauen, Homosexuellen, Ausländern.

Ausdrucksstarke Unterstützung bekommen sie von verwegenen Kreativen mit Spraydosen, den »urban artists«, die sich gern als kosmopolitische Stadtguerilla mit kryptischer politischer Botschaft inszenieren. Graffiti-Kunst wurde ebenso wie Comics zuerst in den USA populär – und trifft in Brüssel auf ein interessiertes Publikum, solange sich die oft anonymen Sprayer nicht mit ihren langweiligen Signaturen, den sogenannten Tags, an renovierten Fassaden zu schaffen machen. Wer über Nacht ein echtes Skelettgemälde von Bonom oder ein überdimensionales, fein gestricheltes Tierbild von ROA an seiner Hauswand entdeckt, meldet dies nicht bei der Versicherung, sondern einer spezialisierten Galerie. Die Raritäten sind begehrt, schon werden einzelne Grafitti-Arbeiten weltbekannter Straßenkünstler vorsichtig wie mittelalterliche Fresken von den Wänden genommen und auf Kunstauktionen gewinnbringend versteigert!

THE WALK – GRAFFITI AM LAUFENDEN METER

Von solchen Möglichkeiten können die Macher des größten Wandbildes Europas nur träumen, doch immerhin war ihr Honorar ordentlich: In Laeken, nahe des berühmten Atomiums, investierte die Stadtverwaltung vor einigen Jahren in Graffiti am laufenden Meter. Für rund 200 000 € ließ man die Tramstation De Wand in eine spektakuläre Motivcollage verwandeln: 30 kunstfertige Sprayer schufen in nur neun Tagen mit 6000 Spraydosen das 4500 qm große Gesamtkunstwerk »The Walk«: Irritierend schöne Bilder von Technikmonstern, flammende Schriftzüge, visuelle Kommentare und karikierte Visagen.

Auch die Skatebahn an der Place de la Chapelle oder viele Hauswände, Garagentore und Geschäftsfassaden in den farbenfrohen Marolles sind reizvolle Beispiele topaktueller, provokanter, politisch garantiert nicht korrekter, aber sehenswerter Straßenkunst.

Ebenfalls umstritten sind die globalen Comic-Trends: Sexistische Mangas aus Japan und brutale Science-Fiction-Bilder aus den USA dominieren den Weltmarkt, während in den Zeitungen die immer gleichen angestaubten Bildgeschichten vom übergewichtigen Kater Garfield und Hägar, dem schrecklichen Wikinger, erscheinen. Es gibt wenig Platz für innovative Kurzserien. Dennoch halten rund 800 professionelle belgische Zeichner mit rund 4000 neuen Bildergeschichten pro Jahr künstlerisch den guten Ruf der hiesigen Comic-Szene aufrecht. Ihr Einkommen sichern sie häufig mit Gebrauchsgrafik und Werbung, trotz der vielen Leser und Sammler im eigenen Land können sie allein von ihren farbkräftigen Kunstwerken nicht leben, die inzwischen übrigens digital am Computer gezeichnet, komponiert und koloriert werden.

DIE GEMEINSAME SPRACHE DER BELGIER

Doch zurück auf die Straßen. Knapp 60 Wandgemälde huldigen inzwischen der belgischen Comic-Begeisterung. Der klassische Spaziergang durch das Zentrum, die Marolles und das Kreativviertel um die Rue Antoine Dansaert, für den es ebenfalls einen speziellen Stadtplan gibt, touchiert derzeit 28 detailreiche Stationen; er ist eine Hommage an die »Neunte Kunst«, fast schon Pflicht für Flaneure und ein einzigartiges Fest für die Augen. Sogar pubertierende Schulklassen trotten ohne Murren hinter ihren Lehrern her, um die kurvenreiche Stewardess Natascha, die Amateurfußballspieler vom FC De Kampioenen oder den dreist pinkelnden Straßenköter Cubitus abzulichten.

Willem De Graeve, Direktor des Brüsseler Comic-Museums und somit auch führender Experte auf diesem Gebiet – auch dies weltweit einzigartig –, beschreibt die Liebe seiner ansonsten gerne zerstrittenen Landsleute zu den gezeichneten Abenteuern von Antihelden als »Teil der belgischen Kultur, die gemeinsame Sprache aller Belgier«. Man müsse weder Französisch noch Flämisch sprechen, um eine mit Totenköpfen, Ausrufezeichen und Blitzen gefüllte Sprechblase richtig zu deuten. Comics seien die logische Fortsetzung der Höhlenmalerei, eine universell verständliche Art der Kommunikation. Alles klar? Wer in diesem Land keine zerlesene Sammlung hütet, muss wohl ein Fremder sein.

Wem Fotos von den Comic-Wänden auf dem Parcours Bande Desinée und ein Besuch im Museum nicht ausreichen, der wird in den Galerien und Fachbuchläden mehr als fündig: 100 Jahre Comic-Historie stehen sauber sortiert nach Künstlern, Ländern und Editionen in den Regalen; das Angebot an Devotionalien mit den Konterfeis der gezeichneten Helden reicht von der Bettgarnitur bis zum Nougatschlumpf, der auf der Zunge schmilzt. Auch in U-Bahnstationen sind die Figuren präsent, um allerdings alle 140 Charaktere aus den Hergé-Comics richtig zuzuordnen, die an der U-Bahnstation Stokkel durch die Gänge hetzen, braucht man eine Menge Zeit. Kompakt und mit kindlicher Begeisterung feiert die ganze Stadt Anfang September den Weltruhm ihrer bunten Zeichenkunst beim Comic-Festival mit Lesungen, Paraden, riesigen Ballonfiguren und einer magischen Licht- und Klang-Show an der Place Royale. »Hagel und Granaten«, würde Kapitän Haddock donnernd sagen …

MAROLLES ✪ UND SABLON

Ein sympathisches Durcheinander von kleinen Läden, Kneipen und Cafés mit Patina sowie der weltberühmte Flohmarkt prägen das Gesicht des ehemaligen Arme-Leute-Viertels. Nirgendwo ist Brüssel heute bunter, vitaler und eigenwilliger.

Dort, wo sich im Spätmittelalter Klosterbauten am Ufer der Senne reihten, entstand im 18./19. Jh. eines der reizvollsten Viertel von Brüssel. Den Namen erhielt es vom Konvent der Maricolen, einem Nonnenorden aus dem 17. Jh., der sich um Bettler und Prostituierte in diesem Elendsviertel kümmerte. Den urbanen Charme des einst armen Quartiers sichern sorgfältig restaurierte Städtebauten aus dem 19. und 20. Jh., für die fröhliche Reizüberflutung sorgen Individualisten aus aller Welt, die stolz darauf beharren, dass man in den Marolles und im angrenzenden, etwas schickeren Quartier du Sablon sich selbst und seinen Lebensträumen treu bleiben darf. Dabei wollten Städteplaner in den 1970er-Jahren die Abrissbirnen einsetzen, um den Justizpalast zu vergrößern, der wie ein Felsmassiv über dem Viertel thront, und moderne Bürogebäude zu errichten. Mit heftigen Protesten kämpften die Bewohner um ihr Quartier – und gewannen!

◄ Das Bogenfeld der gotischen Notre-Dame du Sablon (▶ S. 81) zeigt zur Rue des Sablons.

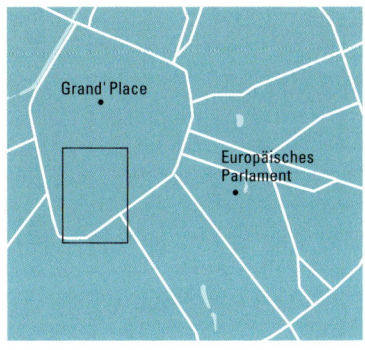

SEHENSWERTES

❶ Marché aux Puces   ⚑ E 5

Der Flohmarkt mitten in den Marolles ist weltberühmt. Zwar beherrschen Händler den Platz, das Sortiment auf den Klapptischen ist ramschig-chaotisch und häufig »made in China«, doch die Preise für Bilderrahmen und Ladegeräte, zerzauste Flokatiwesten und nostalgische Staubfänger sind nach einigem Gefeilsche unschlagbar günstig. Wer das Gedränge an den Ständen scheut, besucht den Flohmarkt besser an Wochentagen um die Mittagszeit. Dabei lohnt sich ein Blick auf die Fassaden und in die Schaufenster rund um den Marktplatz: An der Ostseite steht noch die alte Feuerwehrkaserne (1859/1860) von Joseph Poelaert und gegenüber verspricht die Backsteinfassade der Église de l'immaculée Conception von 1852 ein wenig Ruhe im Trubel.

Marolles | Pl. du Jeu-de-Balle | Metro: Porte de Hal | tgl. 7–14 Uhr, Sa bis 15 Uhr
🕐 Schnäppchenjäger mit konkretem Kaufinteresse finden morgens das vielfältigste Angebot und sollten sich Zeit für fachkundige Verhandlungen nehmen. Passionierte Sparfüchse dagegen schlendern am besten nach 14 Uhr über den Platz, wenn die Händler ihre Stände abbauen und so manches angeschlagene Schätzchen gratis abgeben.

❷ Notre-Dame de la Chapelle   ⚑ E 4

Die Kapellenkirche am Nordrand der Marolles wurde im 13. Jh. an der Stelle einer romanischen Taufkapelle erbaut und 1699 mit einem eigenartigen barocken Glockenturm in Zwiebelform vollendet. Das Querschiff (13. Jh.) ist romanisch, während im größten Teil des Gebäudes die brabantische Gotik vorherrscht. Dank ihrer unterschiedlichen Baustile ist diese Kirche eine der interessantesten Brüssels und zudem eine bedeutende Station auf dem belgischen Jakobsweg (▶ S. 14). Amüsant und bei Hobbyfotografen beliebt sind die Grimassengesichter am Südportal. In einer Seitenkapelle ruhen die Gebeine des heiligen Bonifatius sowie des Malers Pieter Breughel des Älteren und dessen Frau Marie Couche.

Sablon | Pl. de la Chapelle | Metro: Anneessens | tgl. 9–19 Uhr

❸ Notre-Dame du Sablon   ⚑ F 4

Die aufwendig renovierte spätromanische Kirche steht zwischen den beiden

Jakobsweg   6

Bronzene Muschelsymbole markieren den Verlauf des Pilgerwegs, der neue Blicke auf einige versteckte Kirchen öffnet (▶ S. 14).

Plätzen Petit Sablon und Grand Sablon, wo an den Wochenenden der berühmte Antiquitätenmarkt (▶ S. 84) stattfindet. Der Chor entstand im Jahre 1436 und das Schiff wurde Ende des 16. Jh. vollendet. Zuvor stand am gleichen Ort eine Kapelle der Zunft der Armbrustschützen, die auf dem Platz einen Schießstand hatten. Die barocke Grabkapelle der Familie Thurn und Taxis aus schwarzem Marmor stammt aus dem 17. Jh. Diese Fürstenfamilie verfügte zeitweise über das Monopol für den Postdienst am Niederrhein.

Bekannt ist die Kirche vor allem wegen einer Madonnenfigur, die zusammen mit einem Mann und einer Frau in einem Boot unter der Rosette am rechten Seitenportal zu sehen ist. Dargestellt wird die Entführung der wundertätigen Madonna von Antwerpen nach Brüssel im Jahr 1348. Die Ankunft der Madonna in Brüssel wird heute noch jedes Jahr im Juli auf der Grand' Place

---

Wollen Sie's wagen?

Allein macht Karaoke keinen Spaß, aber wenn man mit dem eigenen Fanklub die Bühne der berüchtigten Karaoke-Bar erobert, ist gute Stimmung vorprogrammiert. Allerdings beschränkt sich das Repertoire an deutschem Liedgut auf das Münchner Hofbräuhaus und Marlene Dietrichs Koffer in Berlin. Zum Trost ist der Flirtfaktor in diesem Etablissement der schrägen Töne beachtlich.

Sablon | 34, Rue Ste-Anne | Metro: Gare Centrale | Di–Sa ab 21 Uhr | Tel. 5 12 40 24 | www.karaokesablon.be.

---

mit dem Ommegang (▶ S. 46, 48) gefeiert. Die herrlich bemalten Fenster der Kirche sind abends beleuchtet.

Sablon | Pl. de la Régence | Metro: Porte de Namur | tgl. 8.30–18.30 Uhr

④ Palais d'Egmont ▸ F 5

Die weitläufige Anlage mit dem großen Stadtpalast entstand im 16. Jh. im Auftrag der Witwe des Grafen Jean de Egmont. Nachdem der Graf Lamoral Egmont als Anführer des niederländischen Widerstands gegen die spanischen Herrscher 1568 enthauptet worden war, konfiszierte der spanische König das Anwesen. Nach mehreren Bränden und Wiederaufbauten erwarb es schließlich 1918 die Stadt Brüssel. Heute sind dort Abteilungen des Außenministeriums untergebracht. Eine Besichtigung ist nicht möglich, aber der prächtige Garten hinter dem Palais mit seiner eleganten Orangerie ist zugänglich über die Rue aux Laines und Rue du Grand Cerf. Er war u. a. im Jahr 1920 Austragungsort für Teile der Olympischen Spiele.

Sablon | 8, Petit Sablon | Metro: Porte de Namur

⑤ Palais de Justice (Justizpalast) ▸ E/F 5

Um dieses mächtige Bauwerk zu errichten, musste 1866 ein großer Teil des kleinbürgerlichen Quartier des Marolles abgerissen werden. Der Palast sollte auf Wunsch von König Leopold II. ein Symbol für die Rechtsstaatlichkeit Belgiens sein. Doch kein Entwurf aus einem internationalen Wettbewerb war grandios genug für die Pläne des Herrschers. Schließlich entwarf Hofbaumeister Joseph Poelaert mit kühnem

Schwung eine Skizze und erhielt den Auftrag. Der Justizpalast wurde mit einer Grundfläche von 26 000 qm das größte Bauwerk, das im 19. Jh. weltweit entstand. Poelaert vereinte fast alle damals bekannten Baustile miteinander, die Kuppel ist 105 m hoch, allein das Hauptportal misst 42 m Höhe!

Die Fertigstellung seines gigantischen Werks sollte der Architekt nicht mehr erleben: Er starb 1879, vier Jahre vor der Eröffnung. Der Platz vor dem Palast wurde nach ihm benannt. An der westlichen Seite befindet sich übrigens der Aufzug, der die Oberstadt mit dem Square Breughel l'Ancien verbindet.

Marolles | Pl. Poelaert | Metro: Louise | Mo–Fr 9–15 Uhr (Zugang nur zum Foyer, keine Führungen)

⑥ Place du Grand Sablon   ⚑ F 4

Ein lauschiger Park schließt den Platz um die weiße Sablon-Kirche nach Osten ab. Bemerkenswert sind die Statuen zwischen den Hecken, die einerseits Handwerkszünfte und andererseits bedeutende Persönlichkeiten aus der belgischen Geschichte darstellen, wie den Mathematiker Mercator oder den Karthografen Ortelius. Eine Statue des Prinzen William von Oranje finden Sie übrigens ganz in der Nähe, in einer Nische des Place du Petit Sablon.

Marolles | Pl. du Grand Sablon | Metro: Louise

⑦ Quartier de l'Astre   ⚑ F 5

An den Fassaden entlang der Rue des Minimes und der Rue Watteeu lässt sich wunderbar die Entwicklung des Brüsseler Jugendstils im 19. Jh. nachvollziehen. Zwischen den Jahren 1844 und 1902 entstanden hier u. a. das Wohnhaus des Architekten J. Blaes (12, Rue Watteeu) sowie die Deutsche Schule (21, Rue des Minimes), in der heute das Jüdische Museum Belgiens (▸ S. 118) untergebracht ist.

Marolles | Rue des Minimes/Rue Watteeu | Metro: Porte de Namur

🔴8 Quartier Tanneurs 🚩 E 5

Entlang der Rue des Tanneurs und Rue St-Ghislain kann man so einige frisch renovierte, ansprechende Gebäudekomplexe entdecken: Der Palais du Vin (Nr. 58–62) ist mit seinem opulenten Giebel und der von Sgraffiti-Szenen und glänzenden Keramikkacheln verzierten Backsteinfassade ein beeindruckendes Beispiel für die industrielle Variante des Art nouveau. Auch das ehemalige Wohnheim der Abtei de Gembloux (Nr. 59) und die alte Textilfabrik von Jules Waucquez (Nr. 65) sind elegante Zweckbauten aus dem frühen 20. Jh. Der »Berg der Barmherzigkeit«, ein neoklassizistisches Obdachlosenheim von Antoine Partoes in der Rue St-Ghislain 19–23 sowie die von Victor Horta entworfene Schule (Nr. 40) sind weitere Sozialprojekte mit ansprechender Optik. Die Schule in diesem Quartier war übrigens Hortas erster öffentlicher Bauauftrag.

Marolles | Rue des Tanneurs | Metro: Lemmonier

MUSEEN UND GALERIEN

🟢9 **Art)&(Marges** ▸ S. 113
🟢10 **Musée Juif (Jüdisches Museum)**
▸ S. 118

ESSEN UND TRINKEN

RESTAURANTS

🟢11 Bla@Bla-Gallery 🚩 🚩 E 5

Dinner mit Programm – Versteckt in einer Nebengasse überrascht die »Galerie« mit feiner französisch-mediterraner Küche, opulentem Sonntagsbrunch, Terrasse im Innenhof und ambitioniertem künstlerischen Rahmenprogramm wie wechselnden Ausstellungen, Jazznights und Dinnerkonzerten.

Marolles | 55, Rue des Cappucins | Metro: Porte de Hal | Tel. 5 63 59 18 | Mo–Sa 19–22.30, So 11.30–14 Uhr Brunch | €€€

🟢12 Bread and Bento ▸ S. 28

🟢13 Easy Tempo 🚩 E/F 5

Coole In-Adresse – Trendiger und trotzdem traditioneller Slow-Food-Italiener, der hausgemachte Pasta mit globaler Fusionküche verbindet; etwas hochnäsiger Service ist hier Kult.

Marolles | 146, Rue Haute | Metro: Porte de Hal | Tel. 5 13 54 40 | Di–Sa 12–14.30, 18.30–22.30, So 12–14.30 Uhr | €€

🟢14 Het Warm Water 🚩 E 5

Vegetariertreff – Heimelig-familiäre Lokalität, üppige Portionen und abwechslungsreiche Tageskarte.

Marolles | 25, Rue des Renards | Metro: Louise oder Lemmonier | Tel. 5 13 91 59 | www.hetwarmwater.be | Do–Sa 8–22, So–Di 8–19 Uhr | €

EINKAUFEN

ANTIQUITÄTEN

🟢15 Antiquitätenmarkt 🚩 F 4

Seit 1960 großer, professioneller Antiquitätenmarkt mit qualitativ sehr unterschiedlichem Angebot an Porzellan, Schmuck, alten Gläsern, Stichen und

Gravuren. Insgesamt eher teuer, aber immer gut besucht.

Sablon | Pl. du Grand Sablon | Tram: 92, 93 Sablon | Sa 9–17, So 9–14 Uhr | www.sablon-antiques-market.com

BÜCHER UND KARTEN

16 Comics Café ▸ S. 35

KUNST

17 MH Gallery F 4

Die Galeristin Mathilde Hatzenberger hat sich auf Contemporary Art spezialisiert, vor allem auf Grafiken und Objekte von Künstlern aus dem frankofonen Raum.

Marolles | 11, Rue Haute | Tel. 6 11 51 70 | Do–Sa Mo 11–18 Uhr

LEBENSMITTEL

18 Bio-Markt E 5

In einer ehemaligen Weinhandlung im schmucken Backstein-Jugendstil haben nicht nur originelle Start-up-Unternehmen, sondern auch ein kleines Restaurant und ein Supermarkt mit großem Bio-Sortiment ihren attraktiven Platz gefunden. Von Mittwoch bis Sonntag trifft sich dort die qualitäts- und ernährungsbewusste Szene der Südstadt.

Marolles | Atelier des Tanneurs | 58–62, Rue des Tanneurs | Metro: Lemmonier | Tel. 5 48 70 36 | Mi–Fr 11.30–18 Uhr, Sa und So 10–16 Uhr

MODE

19 Elvis Pompilio F 4

Weltbekannt als der verrückte Hutmacher lässt der Designer seiner manchmal arg schrägen Fantasie freien Lauf und sieht sich seine teuren Kreationen später in Hochglanzmagazinen an.

Wollen Sie's wagen?

Wenn die wilden Recycle-Künstler in den Gängen des alten Bahnhofs Bruxelles-Chapelle zu Hämmern, Sägen und Schweißgeräten greifen, sind Zaungäste, Bewunderer und lässige Assistenten gern gesehen. Die alternativen Künstler nehmen sich viel Zeit, um ihre manchmal etwas konfusen Botschaften zu erklären. Gelegentlich gibt es sogar Projekte, bei denen interessierte Laien selbst Hand anlegen dürfen, mit Acrylfarbe und Hochdrucktacker, mit Schmirgelpapier, Videokamera und Airbrushpistole. Die aktuellen Aktionen werden im Internet angekündigt.

Marolles | 25, Rue des Ursulines | Metro: Anneessens | Tel. 5 02 57 34 | www.recyclart.be

Sablon | 67, Rue Lebeau | Metro: Gare Centrale | www.elvispompilio.com | Fr–So 11–18 Uhr

SCHOKOLADE

20 Passion Chocolat ▸ S. 37

SCHMUCK

21 Leysen & HL F 4

Klassische und moderne Kreationen aus der Werkstatt der Hoflieferanten. Erwartungsgemäß handelt es sich um Schmuck von luxuriöser Qualität.

Sablon | 14 und 36, Pl. du Grand Sablon | Metro: Porte de Namur

KULTUR UND UNTERHALTUNG

THEATER

22 Les Brigittines ▸ S. 28, 39

IXELLES UND ST-GILLES

*Nostalgisch, elegant und weitläufig sind die Wohn- und Geschäfts-
viertel von Ixelles (flämisch Elsene) im Süden des Zentrums. Ein wenig
Paris und ganz viel globale Offenheit. Hier entstanden im späten
19. Jh. ganze Straßenzüge im belgischen Jugendstil, dem Art nouveau.*

Als zentrale Achse verbindet die Avenue Louise das Pentagone mit dem
Park Bois de la Cambre, einst Jagdrevier des Großadels, heute die grüne
Lunge der europäischen Metropole. Wer sich Zeit nimmt für stundenlan-
ge Streifzüge durch die großbürgerlichen Straßen, die originellen Geschäfte, wer neugierig um die Ecken biegt, kann in einem einzigen Tag
eine Weltreise erleben: Denn nur wenige Meter abseits der Nobelläden
um die Porte de Namur steht man in Matonge, der afrikanischen Nachbarschaft; gleich hinter der Porte de Hal beginnt das junge kosmopolitische Szeneviertel von St-Gilles, auf dem Hügel um die Place Flagey warten orientalische Zuckerbäcker mit 1001 zarten Köstlichkeit auf
Kundschaft. Und scheuen Sie sich nicht, nach dem Weg zu fragen, denn
anders als im touristischen Zentrum sind Ihre Gesprächspartner Einhei-
mische und Sie bekommen eine freundliche, erschöpfende Antwort.

◄ »Erschlendern« Sie sich die großbürgerlichen Straßen von Ixelles (► S. 86)!

SEHENSWERTES

① Abbaye de la Cambre   südl. G 6

Ein Ruhepunkt ist dieses ehemalige Zisterzienserkloster zwischen verträumten Teichen in Ixelles. Der Großteil der Gebäude entstand 1201 im gotischen Stil, finanziert von einer adeligen Dame namens Gisèle. Während der Glaubenskriege Ende des 16. Jh. wurde die Anlage um die ehemalige Abteikirche Notre-Dame de la Cambre aus dem 14. Jh. schwer beschädigt und im 18. Jh. wieder aufgebaut. Besonders schön sind die Französischen Gärten auf dem Klostergelände. Heute beherbergen die Gebäude das Nationale Geografische Institut und eine Kunsthochschule.

Ixelles | Av. Emile Duray, Eingang Sq. de la Croix-Rouge | Tram: Abbaye | tgl. außer Di 15–18 Uhr

② Avenue Louise   F 5

Die Champs-Élysées von Brüssel wurden 1864 gebaut, um den Brüsseler Bürgern einen bequemen Zugang in den Bois de la Cambre zu verschaffen. Heute ist die Avenue Louise eine viel befahrene Ausfallstraße. Einzig die Gassen und Passagen rund um die Place Stéphanie und Place Louise (flämisch: Louiza) – benannt nach den Töchtern des Königs Leopold II. – empfehlen sich für einen schönen Shopping-Spaziergang. In der Galerie Louise sind die edelsten Boutiquen untergebracht, nur wenige Meter weiter beginnt in der Rue de Stassart ein kleines Rotlichtviertel. Ein hübscher Kontrast – und typisch für die Stadt.

Ixelles | Metro: Louise

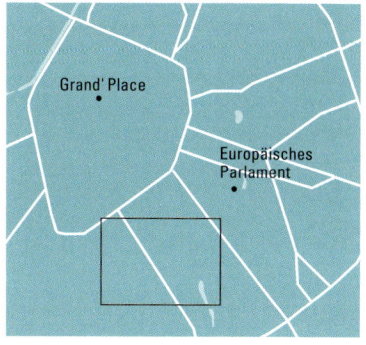

⭐ Bois de la Cambre   südl. G/H 6

Der Park am Ende der Avenue Louise ist für Brüsseler das, was den Münchnern der Englische Garten ist: ein teils bewaldeter, leicht hügeliger, 124 ha großer Stadtpark mit kleinem See, Sportanlagen und Restaurants. Er wurde Mitte des 19. Jh. im Auftrag der Gemeinde Brüssel angelegt.

Ixelles | Tram: Legrand

③ Cimetière d'Ixelles   südl. J 6

Hinter hohen Mauern haben seit 1877 viele berühmte Brüsseler eine idyllische Ruhestätte gefunden. Interkonfessionell und individuell reihen sich, beschützt von kräftigen Bäumen und gepflegten Hecken, die Grabmonumente

---

Bois de la Cambre   7

Wer mit Nüssen und etwas Geduld zum Spaziergang durch den Bois de la Cambre oder einen der anderen vielen Brüsseler Parks und Grünanlagen startet, gewinnt schnell neue tierische Freunde (► S. 14).

Jugendstil-Streifzug

Fantasievoll prägen die Fassaden im typisch Brüsseler Jugendstil ganze Straßenzüge in Ixelles. Um die Chaussée de Charleroi, die Rue Defacqz, den Square de Biarritz und die Rue Vanderschrick drängen sich fließende Formen und reiche Dekorationen ins Bild (▶ S. 14).

von Soldaten, Prinzessinnen und Kaufleuten, Rennfahrern und Künstlern aneinander. Etwas abseits der Hauptavenue macht es etwas Mühe, die Gräber von Berühmtheiten wie dem Bildhauer Constantin Meunier, der Malerin Anna Boch oder das Monument für Brüssels großen Jugendstilbaumeister Victor Horta zu finden. Einige exzentrische Grabsteine wie der des Surrealisten und Konzeptkünstlers Marcel Broodthaers dagegen kann man kaum übersehen.
Ixelles/Etterbeek | 428, Chaussée de Boondael | Bus: 95

④ Etangs d'Ixelles G6
Zwischen der Abbaye de la Cambre und dem Kulturzentrum Flagey liegt eine entrückte Teichlandschaft, die König Leopold II. Anfang des 20. Jh. anlegen ließ. Der idyllische Park eignet sich ideal für eine Verschnaufpause nach dem Bewundern ganzer Straßenzüge.
Ixelles | Av. Géneral de Gaule | Tram: Abbaye und Flagey

⑤ Maison Hankar F6
Nichts war dem Architekten Paul Hankar zu aufwendig, als er sein schmales Wohn- und Atelierhaus als Manifest des Art nouveau plante: eine asymmet-

rische Fassade mit filigranen geometrischen Balkonbrüstungen und gotisch anmutenden Bogenfenstern, dazu eine perfekt im Stil der Zeit erhaltene Inneneinrichtung geben eindrücklich Zeugnis vom detailverliebten Wohnkonzept der Brüsseler Baukünstler.

Ixelles | 71, Rue Defacqz | Tram: 92, 97 Janson

⑥ Maison Tassel　　　🏷F 6

Weil dieses Gebäude die ästhetischen Elemente des Art nouveau idealtypisch in sich vereint, zählt es zum UNESCO-Weltkulturerbe. Das vollendete Harmoniestreben von Architekt Victor Horta drückt sich u. a. im organischen Kontrast der Fensterfront aus: Wie bei einer Blüte entfaltet sich das Hauptfenster, während die Seitenfenster nach oben schmaler werden. Kein Wunder, dass andere reiche Bürger ähnlich schöne Häuser bauen ließen.

St-Gilles | 6, Rue Paul-Émile Janson | Tram: 92, 94 Janson | nur von außen zu besichtigen

⑦ Matonge　　　🏷G 5

Ein Wohnheim für Studenten aus dem Kongo war der Ursprung dieses bunten, quirligen Quartiers der afrikanischen Zuwanderer, das nach dem Vergnügungsviertel von Kinhasa benannt ist. Zwischen Porte de Namur und den Jugendstilfassaden an der Place St-Boniface bieten patente Kleinunternehmerinnen u. a. knallfarbene Stoffe für traditionelle Gewänder und höllisch scharfe Gewürzmischungen an. In schlichten Speisestuben wird köstlicher Eintopf mit gebratenen Bananen serviert, in Hinterhöfen kann man sich eine komplizierte Zopffrisur knoten

und legen lassen. Abends drängeln sich tanzwütige Mitteleuropäer in den Klubs, um à l'Afrique den Alltag hinter sich zu lassen.

Ixelles | Chaussee du Wavre | Metro: Porte de Namur

⭐ Parvis St-Gilles 　　　🏷E 6

Das öffentliche Wohnzimmer der jungen und jung gebliebenen Brüsseler liegt seit einigen Sommern auf dem weiten Vorplatz der Kirche St-Gilles. Nostalgische Gaststätten wie die L'Union oder die Brasserie Verschueren aus den 1930er-Jahren erinnern an die glanzvolle Zeit der sozialistischen Arbeiterbewegung.

St-Gilles | Metro: Parvis St-Gilles

⑧ Porte de Hal　　　🏷E 5

Das Tor ist das einzige Relikt der Stadtmauer aus dem 14. Jh. Das Gebäude diente im Verlauf der Jahrhunderte als Getreidespeicher, Zollstation, Gefängnis, Archiv und Museum. Im Jahr 1832 wurde es fast vollständig abgerissen und 1868–1871 im neugotischen Stil wieder aufgebaut. Im Obergeschoss ist ein Museum (▶ S. 121) eingerichtet.

St-Gilles | Bd. du Midi | Metro: Porte de Hal

⑨ Rue Vanderschrick　　　🏷E 6

Weltweit einzigartig ist der Straßenzug, den Jugendstilarchitekt Ernest Blerot um 1900 planen und bauen durfte: Die Häuser Nr. 1–13 waren als städtische Wohnsitze für neureiche Unternehmer des späten 19. Jh. geplant, die Häuser Nr. 15–25 waren Miethäuser mit Geschäften im Erdgeschoss – und alles im fantasievollen, bestens gepflegten Art nouveau. Sgraffiti-Bänder mit Sonnenauf- und -untergängen, Blumenranken, Seerosen und Vögeln zieren die Fassaden, filigrane Gitter schmücken Fenster und Erker.

🕐 Wegen der starken Schlagschatten auf den Jugendstilfassaden sollten Fotografen ihren Motiv-Streifzug für einen leicht bewölkten Vormittag einplanen. Das Weitwinkelobjektiv nicht vergessen!

St-Gilles | Rue Vanderschrick | Metro: Porte de Hal

MUSEEN UND GALERIEN

MUSEEN

GALERIEN

ESSEN UND TRINKEN

RESTAURANTS

17 **Chez Oki**   G 6

Japan-Fusion – Ein hoch qualifizierter Koch, der mit einem sanften Lächeln Gänseleber auf den Sushireis streicht und spitzfindig aus den feinsten Blättern des Chicorées ein geeistes Safranschäumchen zaubert. Küchenindividualität auf höchstem Niveau, und das auch noch zu zivilen Preisen, bringt Oki Haruki höchstes Lob und begeisterte Gäste ein. Das dreigängige Menü wird für knapp 30 € serviert, Reservierungen sind unverzichtbar.

Ixelles | 62, Rue Lesbroussart | Tel. 6 44 45 76 | www.chez-oki.com | €€–€€€

18 **Mamy Louise**   F 5

Cooles Edelbistro – Weiß gehaltener Newcomer unter der Leitung der Erfolgsgastronomen Nadine und Philippe Gillet; Spezialität: Salate und Tartines.

Ixelles | 12, Rue Jean Stas | Metro: Louise | Tel. 5 34 25 02 | www.mamylouise.be | Mo–Sa tagsüber | €€€

19 **La Quincaillerie**   südl. F 6

Lebhafter Szenetreff – In einem ehemaligen Eisenwarenladen, den Antoine Pinto zu einem schicken Speiselokal umgestaltet hat, isst man auf drei Etagen deftige belgische Gerichte, wozu man Champagner oder edle französische Weine trinkt.

St-Gilles | 45, Rue du Page | Tram: Janson | Tel. 5 33 98 33 | www.quincaillerie.be | Mo–Sa 12–14.30 und 19–24, So 19–24 Uhr | €€

20 **Rouge Tomate**   G 6

Dezent und stilsicher – Trendige Bio-Fusionküche mit viel Gemüse, originellen Aromakompositionen und großem vegetarischen Angebot; auf der schönen Gartenterrasse sitzt man wie in einer Theaterloge mitten im eleganten Alltag des gutbürgerlichen Louizaviertels, die hellen Räume sind dezent und stilsicher in Nischen unterteilt, die gute Tischgespräche fördern.

Ixelles | 190, Av. de Louise | Metro: Louise | Tel. 6 47 70 44 | www.rougetomate.be | Mo–Fr 12–14.30 und 19–22.30, Sa 19–22.30 Uhr | €€

21 **Slurps** ▸ S. 29

22 **Soleil d'Afrique**   G 5

Afrikanische Köstlichkeiten – Gekonnt gewürzte Gerichte aus West-

und Zentralafrika mit viel Fisch und noch mehr exotischem Flair mitten in Matonge. Dezente Musik und aufmerksamer Service.

Ixelles | 10, Rue Longue Vie | Metro: Porte de Namur | Tel. 04 86 30 26 40 | Mo–So 12–23.30 Uhr | €

㉓ Tea & Eat 🔖 F 5

Stimmungsvolles Gartenlokal − Eines der schönsten Gartenlokale der ganzen Stadt. Jeden Sonntag wird ein grandioser Brunch aufgetischt.

Ixelles | 121, Rue de Stassart | Metro: Louise | Tel. 5 13 40 00 | www.tea-eat. be | Mo–Sa 12–18, So 11–16 Uhr | €

BARS UND KNEIPEN

㉔ L'Union 🔖 E 6

Stammkneipen-Kandidat − Angenehm improvisierte Atmosphäre mit Stammkneipen-Potenzial und Spontankonzerten; wer einen Sitzplatz auf dem Parvis ergattert hat, holt die Getränke selbst am Tresen. Nebenan kommt man in der Brasserie Verschuren oder in der Maison du Peuple ähnlich schnell an sein Bier.

St-Gilles | 55, Parvis de St-Gilles | Metro: Parvis St-Gilles | tgl. 13–24 Uhr | €

㉕ Ultime Atome 🔖 G 5

Lebhaft und international − 90 Bierspezialitäten aus Hopfen, Malz und belgischer Experimentierfreude machen die Brasserie im Afrikanischen Viertel Matonge zum Treffpunkt für trink- und flirtfreudige Kumpeltypen aus aller Welt. Lediglich Weinfans sollten keine zu hohen Erwartungen an die Auswahl stellen.

Ixelles | 14, Pl. St-Boniface | Metro: Porte de Namur | €

EISCAFÉS

㉖ Le Frambosier Doré 🔖 F 6

Alter Eispalast − Frisch, ohne künstliche Aromen, kräftig und originell im Geschmack sind die rund 40 Sorten, die man in diesem altehrwürdigen Tempel des Eisgenusses bestellen kann.

Ixelles | 35, Rue du Bailli | Tram: Defacqz | €

EINKAUFEN

BÜCHER

㉗ Peinture Fraiche 🔖 südl. F 6

Einzigartige Fundgrube für Kunstbücher in der schicken Gegend um die Place du Chatelain.

Ixelles | 10, Rue du Tabellion | Metro: Horta

KÜCHENACCESSOIRES

㉘ Demeuldre 🔖 G 5

Original erhaltener Porzellanladen aus den frühen 1900er-Jahren. Inneneinrichtung und das zeitlos-feine Sortiment halten, was die Fassade verspricht.

Ixelles | 141, Chaussée de Wavre | Metro: Louise | www.demeuldre.com

㉙ International Home of Cooking
▸ S. 36

KUNST

㉚ Baronian-Francey 🔖 F 5

Renommierte Adresse für Avantgarde-Kunst, meist aus belgischen Ateliers, und eigenwilligen Werken der italienischen »Arte Povera«.

Ixelles | 2, Rue Isidore Verheyden | Metro: Louise | www.albertbaronian.com

㉛ Espace Art Gallery 🔖 G 6

Von Keramik bis zum modernen Holzdruck, von Experimenten in Öl bis zu eigenwilliger Grafik reichen die ausgestellten Werke vielversprechender Nachwuchskünstler aus ganz Europa. Nur innovativ und individuell soll es sein.

Ixelles | 35, Rue Lesbrossart | Tram: 81, 83 Dautzenberg

32 Galuchat südl. H 6

Originelle und bestens erhaltene Objekte aus Jugendstil und Art déco.

Ixelles | 14, Av. Émile Duray | Tram: Abbaye

LEBENSMITTEL

33 Les Caprices du Bailli F 6

Allein der Verkaufsraum dieser Bankettbäckerei im bestens erhaltenen Jugendstil ist einen Abstecher wert. Allerdings sollten auch die Petit Fours, Törtchen und Pastetchen in der üppigen Glasvitrine gewürdigt werden.

Ixelles | 75, Rue du Bailli | Tram: 81 Bailli

34 Les Tartes de Françoise ▸ S. 13

MODE UND ACESSOIRES

35 Francis Ferent ▸ S. 36

36 Nina Meert G 5

Die französische Modeschöpferin ist bekannt für ihre romantisch-eleganten Kleider und feminine Hochzeitsmode. Kreationen, die u. a. in den Kleiderschränken von Isabelle Adjani oder Isabelle Huppert hängen, sind garantiert nicht günstig, aber einmalig.

Ixelles | 1, Pl. St-Boniface | Metro: Porte de Namur | www.ninameert.be

37 Les Petits Riens südl. F 6

Seit Jahren beliebte und erfolgreiche Secondhand-Initiative mit sozialem Auftrag und flottem Marketing: In den bunten Kisten finden Menschen mit wenig Geld eine große Auswahl an bekannten Labels zu günstigen Preisen. Der Laden in Nr. 97 ist auf Babykleidung spezialisiert, nebenan werden Elektrogeräte und Fahrräder instand gesetzt und in Nr. 105 befindet sich das Retro Paradies.

Ixelles | 97–105, Rue Américaine | Metro: Louise | www.petitsriens.be

KULTUR UND UNTERHALTUNG

KINO

38 Vendome G 5

Nostalgisches Art-déco-Kino mit ambitioniertem Programm, das sich noch gegen die omnipräsenten Kinopaläste an der Peripherie behaupten kann.

Ixelles | 18, Chausée de Wavre | Metro: Porte de Namur | www.cinema-vendome.be

KULTURZENTREN

39 Centre culturel Flagey ▸ S. 40

MUSIK

40 Le Khnopff F 6

Die richtige Adresse, um stilvoll zu entspannen. Beliebt bei hungrigen Nachtschwärmern in lässig-edlen Klamotten. Abends gelegentlich Live-Jazz.

St-Gilles | 1, Rue St-Bernard | Metro: Louise | Mo–Sa bis 2 Uhr

41 Sounds Jazz Club G 5

Ambitionierter Jazzclub und Konzertcafé mit breitem Spektrum, entspannter Atmosphäre und spannenden Sessions belgischer wie internationaler Musiker. Eine Location für echte Fans.

Ixelles | 28, Rue de la Tulipe | Metro: Porte de Namur | www.soundsjazzclub.be | Mo–Sa 20–4 Uhr

STE-CATHERINE UND ST-GÉRY

Während im Mode- und Designviertel um die Rue Antoine Dansaert das kreative Leben tobt, erwachen das alte Kaaiviertel und das Territoire du Canal gerade aus einem 50 Jahre langen Dornröschenschlaf und die hippe Elite hält langsam Einzug …

Noch liegt der innerstädtische Nordwesten zwischen dem Boulevard Anspach und dem Canal de Charleroi weitgehend im touristischen Abseits, doch haben sich Städteplaner und Investoren in den vergangenen Jahren gewaltig angestrengt, um junges, hippes Leben in die alten Mauern rund um den vor 200 Jahren trocken gelegten Stadthafen zu bringen: Ausgehend vom Quartier der Edelschneider um die Rue Antoine Dansaert erobern Möbel-, Schmuck- und gewitzte Industriedesigner die Hinterhofateliers in der Rue des Chartreux und um die Place St-Géry. Das Territoire du Canal wird mit schicken Apartmenthäusern für die urbane Elite ein Straßenzug nach dem anderen aufgehübscht, entlang der ehemaligen Quais eröffnen coole Cafés und ambitionierte Läden. Kurzum: Hier lohnt sich, nur wenige Hunderte Meter vom Gedränge an der Grand'Place, eine individuelle Entdeckungstour.

◀ Die Säule des Anspachbrunnens (▶ S. 95) überragt den Fischmarkt im Kaaiviertel.

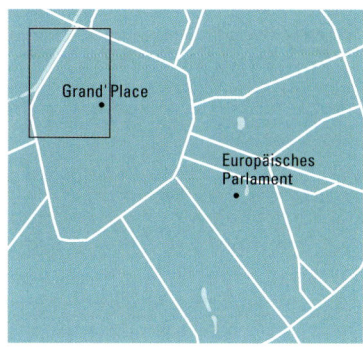

SEHENSWERTES

❶ Fontaine Anspach ↗ E 3

Der auffällige Anspachbrunnen steht am Ende das alten Fischmarkts im Kaaiviertel, das gerade erst aus seinem Dornröschenschlaf erwacht. Wilde, wasserspeiende Meerestiere schmücken die extravagante Brunnensäule, die an Bürgermeister Jules Anspach erinnert, der Mitte des 19. Jh. den Fluss Senne kanalisieren ließ. Erst langsam erinnern sich die Brüsseler wieder an ihre alten Wasserwege, durch die Handel und Wohlstand erst möglich waren.

Kaaiviertel | Quai aux Briques | Metro: De Brouckère

❷ Koninklijke Vlaamse Schouwburg ↗ F 2/3

Anders als der Name suggeriert, arbeiten die flämischen Theatermacher unter der Leitung von Jan Goosens international. Projekte mit Künstlern aus dem Kongo oder Palästina, Koproduktionen mit den frankofonen Bühnen der Stadt, multimediale Performances und Festivals mit hochpolitischen Botschaften prägen den Spielplan. Übrigens: Vor dem Hauptportal hat Künstler Wim Delvoye seine fantasievolle Großskulptur »Cement Truck« errichtet.

Kaaiviertel | 9, Quai aux Pierre de Taille | Metro: Yser | Tel. 2 10 11 00 | www.kvs.be

❸ Notre-Dame aux Riches Claires ↗ E 4

Die Kirche des Riches-Claires-Ordens wurde in der zweiten Hälfte des 17. Jh. von Lucas Faydherbe im italo-flämischen Stil errichtet und im 19. Jh. erweitert. Der Altar Notre-Dame de Sept Douleurs (Die sieben Schmerzen Mariä) ist mit Brüsseler Spitze geschmückt.

St-Géry | 23, Rue des Riches Claires | Metro: Bourse | 8.30–17 Uhr

❹ Quartier und Halles St-Géry ↗ E 4

Gelobt sei die Stadtsanierung, denn auferstanden aus Ruinen hat sich das Quartier um die schmucke Markthalle von St-Géry in kürzester Zeit zum zentralen In-Viertel mit liebevoll gestalteten Restaurants und originellen Geschäften, kleinem Chinatown und ein paar Metern nostalgisch rekonstruiertem Sennekai gemausert. Die zentrale Halle, 1882 als Fleischmarkt erbaut, ist das Herz des Kreativviertels. Gusseiserne Träger und Klinkermauern erinnern an die Opulenz des beginnenden Industriezeitalters vor mehr als 120 Jahren. Heute sind auf Schautafeln die Veränderungen in der Bausubstanz des Zentrums dokumentiert; auch aktuelle Pläne wie die hypermoderne Hochhausachse zwischen Innenstadt und Europaviertel entlang der Rue de la Loi

Wollen Sie's wagen?

Schach mit alten Herren. Jeden Tag sitzen sie in den Halles St-Géry und warten auf eine reizvolle Eröffnung. Die freundlichen alten Pensionäre sind einer Schachpartie niemals abgeneigt und kennen viele Kniffe, um Sie lächelnd schachmatt zu setzen. Als Entschädigung erzählen sie nach der Partie ihre persönlichen Eindrücke von der Metamorphose ihrer Stadt.
St-Géry | Halles St-Géry | Metro: Bourse | Mo–Fr zw. 10–18 Uhr stehen die Chancen auf Gegenspieler gut

werden erläutert. Zudem erhält man aktuelle Veranstaltungstipps.
St-Géry | Pl. St-Géry | Metro: Bourse

5 **St-Jean Baptiste aux Béguinage**
🔖 E/F 3

Die Kirche St. Johannes der Täufer unweit des alten Fischmarkts wurde 1657–1676 erbaut und zählt zu den schönsten Barockbauten Belgiens. Sie war ursprünglich Teil des ehemaligen Beginenhofes aus dem 13. Jh., in dem 1250–1797 alleinstehende Frauen in kleinen Häuschen wohnten. Die dreigiebelige Fassade der Kirche ist von Weitem zu sehen. Ihr Inneres überrascht durch seine Größe und Helligkeit. Die Kanzel von 1757 ist holzgeschnitzt, sehenswert sind die Bilder des Malers Van Loon.
Kaaiviertel | Pl. de Béguinage | Metro: Ste-Catherine | tgl. 9–17 Uhr

6 **Ste-Catherine**
🔖 E 3

Der große dreischiffige Bau der Katharinenkirche steht im Mittelpunkt des attraktiven Wohnviertels rund um den alten Fischmarkt. Sie ist in einem Mischstil aus Gotik, Renaissance und Romanik erbaut. Der alte Turm blieb beim Umbau ab 1850 unter Leitung von Joseph Poelaert als separater Glockenturm erhalten. Das bemerkenswerteste Stück unter den wertvollen Kirchenschätzen ist die Vierge Noire, die Schwarze Madonna, aus dem 14. Jh. Sie war ursprünglich aus weißem Stein gemeißelt, ist aber im Laufe der Jahrhunderte schwarz geworden. Gleich neben der Kirche befindet sich die Tour Noire, der Schwarze Turm, ein Überrest der ersten Stadtmauer. Er wurde Ende des 11. Jh. gebaut und 1895 restauriert.
Ste-Catherine | Pl. Ste-Catherine | Metro: Bourse | Führungen Tel. 2 18 00 69 | tgl. 8.30–17 Uhr, So Nachmittag geschl.

ESSEN UND TRINKEN

RESTAURANTS

7 **Bij den Boer**
🔖 E 3

Uriges Fischlokal – Einfaches Lokal mit Holztischen und Wachstischdecken. Ausgezeichnete Fisch- und Fleischgerichte sowie leckere Tagesmenüs. Unbedingt reservieren.
Ste-Catherine | 60, Quai aux Briques | Metro: Ste-Catherine | Tel. 5 12 61 22 | www.bijdenboer.com | Mo–Sa 12–14.30 und 18–22.30 Uhr | €€

8 **Da-Kao II**
🔖 E 3/4

Lieblings-Asiate – Vietnamesische Suppen und Wokgemüse sind in Brüssel sehr beliebt. Das Da-Kao ist so gut besucht, dass die Familie schon Ableger eröffnet hat. Reservierung empfohlen.
St-Géry | 19, Rue van Artvelde | Metro: Bourse | Tel. 5 12 67 16 | tgl. 11.30–22.30 Uhr | €

BARS

9 **Au Bon Bol** ▸ S. 28

10 **Mappa Mundo**　　　　　E3

Designbar – Mit seiner Mischung aus
dezent verrüschter Nostalgie und kos-
mopolitischer Unbefangenheit gestaltete der bekannte Interiordesigner
Frédéric Nicolai u. a. diese immer gut
besuchte Bar im Zentrum des Mode-,
Kunst- und Kreativquartiers. Am Wochenende bis 15 Uhr Brunch.

St-Géry | 2–6, Rue du Pont de la Car-
pe | Metro: Bourse | www.mappa
mundo.com | So–Mi 12–1.30 Uhr, Do 12–
2.30, Fr und Sa 12–3.30 Uhr | €€

11 **Le Zebra**　　　　　E3

Mit Aussicht – In-Treff mit coolen
Cocktails, internationalen Snacks und
schöner Sicht auf das Quartier St-Géry
samt seiner nostalgischen Markthalle.

St-Géry | 33, Pl. St-Géry | Metro: De
Brouckère | tgl. 11–2 Uhr | €

EINKAUFEN

BRILLEN

12 **Hoet Design Store**　　　　　E3

Flagshipstore des bekannten Herstel-
lers für hochwertige und stilsicher auffällige Sehhilfen.

Ste-Catherine | 97, Rue A. Dansaert |
www.hoet.eu

Die Designerboutique Stijl (▶ S. 99) zählt zu den obligatorischen Anlaufstellen für alle Fashionistas. Ihre Eröffnung in der Rue Antoine Dansaert belebte sogleich die gesamte Straße.

BÜCHER

⓭ Passa Porta 🚩   📖 E 3

Als internationales Literaturzentrum mit hochkarätigen Lesungen und einer gewaltigen Auswahl an englischen und französischen Werken ist der Superbuchladen kulturelles Schwergewicht und globaler Geheimtipp für Autoren, Bücherwürmer und Intellektuelle.
Ste-Catherine | 46, Rue Antoine Dansaert | Metro: Bourse | Tel. 2 26 04 54 | www.passaporta.be

DESIGN

⓮ Karteel   📖 E 3

Zeitgemäßes Lichtdesign, bunte Kleinmöbel und witzige Gebrauchsgegenstände prägen das Sortiment der belgischen Marke. Im Flagshipstore stehen die aktuellen Trends neben günstigen Unikaten aus der letzten Kollektion.

Ste-Catherine | 2, Rue Antoine Dansaert | Metro: Bourse | Mo–Sa 11–13.30 und 14–19 Uhr

⓯ Lucien Cravate   📖 E 3

Edle, rare Deko-Relikte aus den 1950er- bis 70er-Jahren; Designunikate und Spielzeug wecken viele Erinnerungen.
St-Géry | 24, Rue des Chartreux | Metro: Bourse

GESCHENKE UND KUNSTHANDWERK

⓰ Toit ▶ S. 35

LEBENSMITTEL

⓱ Crèmerie de Linkebeek ▶ S. 36

MODE UND ACESSOIRES

⓲ Annemie Verbeke   📖 E 3

Die Prêt-à-porter-Kreationen der angesagten Stylistin überzeugen mit originellen Details und dem gewissen Extra – und natürlich auch im aktuellen Häkellook.

Ste-Catherine | 64, Rue Antoine Dansaert | Metro: Bourse | www.anniemieverbeke.be

Carine Gilson E 3

Opulente und raffinierte Dessous aus edelsten Materialien, passend zum Burlesque-Trend, werden hier lustvoll, aber elegant in Szene gesetzt.

Ste-Catherine | 87, Rue Antoine Dansaert | Metro: Bourse | www.carinegilson.com

20 Christophe Coppens ▸ S. 36

21 Marie Cabanac E 3

Hochwertige, naturbelassene Materialien, klare Linien, starke Farben und ein charakteristischer quadratischer Flicken kennzeichnen die Modelle der aktuellen Queen of Ökomode. In ihrem Showroom in St-Géry darf man mit gutem Gewissen zwischen Entwürfen, Musterteilen und Auslaufmodellen auf Schnäppchenjagd gehen, denn die Kollektionen werden fair bezahlt in Portugal geschneidert und sind dennoch nicht teuer.

St-Géry | 25, Rue des Chartreux | Metro: Bourse | www.marie-cabanac.com

22 Stijl E 3

Eine Top-Adresse für belgische Designermode von Weltruf; bisweilen wurde auch Superstar Madonna hier beim Einkaufen beobachtet. Etwas günstigere Prêt-à-porter-Modelle erhalten Sie in der Dependance nebenan.

Ste-Catherine | 74, Rue Antoine Dansaert | Metro: Bourse | www.stijl.be

SCHOKOLADE

23 Frederic Blondeel E 3

Mit Nuancen wie Wasabi-Aprikose und anderen eigenwilligen Kreationen ist Blondeel einer der jungen Star-Chocolatiers. Auch seine heißen Schokoladen sind jede Kaloriensünde wert.

Ste-Catherine | 24, Quai aux Briques | Metro: Ste-Catherine | www.frederic-blondeel.com

KULTUR UND UNTERHALTUNG

MUSIK

24 L'Archiduc ▸ S. 41

25 Le Booze'n'Blues E 4

Ideale Bar zum Abhängen und Chillen bis zum Morgen – auch wenn einige Gäste ständig den Blues haben …

St-Géry | 20, Rue des Riches-Claires | Metro: Bourse | Tel. 5 13 93 33 | tgl. ab 19 Uhr

26 Madame Moustache E 3

Origineller Treffpunkt für postmoderne Bohemiens. Oft finden Themenabende mit bekannten DJs statt, manchmal auch Livekonzerte. Das Personal trägt Matrosenanzüge, auch das Publikum kostümiert sich gerne.

Kaaiviertel | 5–7 Quai au Bois à Bruler | Metro: Ste-Catherine | Tel. 04 89 10 05 11 | Di–Sa 19–4 Uhr | www.madamemoustache.be

Tangoschritte

In verschiedenen Cafés und Bars kann in Brüssel das Tangobein geschwungen werden. Im April findet zudem ein internationales Tangofestival statt (▸ S. 14).

Im Fokus
Parallelwelt in der Eurobubble

*Im Osten der Stadt fordern Institutionen der Europäischen
Union immer mehr Platz, Glaspaläste und Bürotürme prägen die
Skyline. Dabei leben Eurokraten, Lobbyisten und Berater oft in
einer administrativen Blase.*

Ob die Politiker aus Frankreich, Italien, Deutschland und den drei Bene-
luxstaaten auch nur im Traum ahnten, welch fulminante Entwicklung
ihre am 25. März 1957 in Rom begründete Europäische Wirtschaftsgemeinschaft (EWG) nehmen sollte? 57 Jahre später beeinflussen die Institutionen der Europäischen Union (EU) massiv den Lebensalltag von
rund 495 Millionen Menschen in 28 Mitgliedsstaaten – und Brüssel ist
die Hauptstadt dieses administrativen Riesen! Dabei hätte nach dem
Wunsch der Gründer der deutsch-französische Zankapfel Saarbrücken
zur Verwaltungszentrale für das vereinte Europa werden sollen. Letztlich
bekam das damals fast ebenso unbedeutende Brüssel den Zuschlag, der
die Stadt massiv verändern sollte.
Neue Mitgliedsstaaten, neue Ziele, neue Aufgaben ließen die 1965 in Europäische Gemeinschaft (EG) umbenannte Organisation zügig wachsen.
Im Vertrag von Maastricht 1993 legten die damals zwölf Mitgliedsstaaten
die Entwicklung zu einem grenzüberschreitend harmonisierten Wirt-

◄ Die zwölf Sterne auf der Europaflagge stehen für Vollständigkeit und Einheit.

schaftsraum mit gemeinsamer Währung fest. Mit den Aufgaben stieg in Brüssel der Platzbedarf für die EU. Drei große Institutionen, die Kommission, der Europäische Rat und der Ministerrat, brauchten immer mehr Büros für ihre vielen Mitarbeiter sowie repräsentative Räume. Auch Lobbyisten, Berater, Experten und Interessenvertreter der Industrie wie auch der Nichtregierungsorganisationen machten sich breit. Die Folge: Steigende Mieten und mafiöse Bodenspekulationen verdrängten die einfachen Brüsseler aus ihren traditionellen Wohngebieten, vor allem im Zentrum und im Osten wuchsen spektakuläre Glaspaläste in den Himmel.

PARALLELWELT DER GLASPALÄSTE

Die Osterweiterung vom 1. Mai 2004 schließlich heizte den lukrativen Kampf um Immobilien weiter an, inzwischen leben rund 40 000 Eurokraten mit überdurchschnittlichen Einkommen in der Stadt sowie rund 20 000 Mitarbeiter von Verbänden, multinationalen Konzernen, Interessengruppen oder Consultingfirmen und rund 1400 Beschäftigte der NATO. Allein die EU-Kommission hat sich auf 70 Gebäude ausgebreitet, das sternförmige Berlaymont oder das futuristische Doppeloval des EU-Parlaments fallen zumindest architektonisch positiv auf, während andere Verwaltungspaläste bevorzugt mit spiegelnden Fassaden protzen. Mit 14 Mio. qm Bürofläche folgt das Metropölchen Brüssel dicht den flächenmäßig weit größeren Büro-Weltmeistern Paris und London.

Wer heute durch das Europaviertel schlendert, sieht oft den Weg vor lauter Baustellen nicht. Auf den Straßen stauen sich Busse, Lastwagen und Dienstwagen, während gut gekleidete Menschen mit Headset von ihren Großraumbüros zum Bio-Schnellimbiss und wieder zurück an den Schreibtisch hetzen. Hier lebt man schnell, effizient und isoliert in der Eurobubble, der Parallelwelt der gut vernetzten, mehrsprachig parlierenden internationalen Verwaltungsmenschheit. »Wer sagt, wir leben in Brüssel?«, fragen die Akteure einer satirischen Online-Serie von Ex-Projektmanager Yacine Kouhen, die originell und bestürzend zugleich zeigt, wie sich hoch qualifizierte Jungakademiker im Dienste der Europäischen Idee selbst ausbeuten. »Die Eurobubble ist eine Stadt in der Stadt, gewissermaßen eine Glasglocke, die sich über ein Gebiet zwischen ein paar U-Bahnstationen legt und die Menschen darin völlig vom Leben der belgischen Bürger isoliert«, beschreibt der Filmemacher die Situation.

QUARTIER EUROPÉEN

Als Stadt in der Stadt ist das Europäische Viertel gleichzeitig Zukunftsmodell und immerwährende Baustelle. Vor allem am Wochenende, wenn Eurokraten und Berater freihaben, kann man in Ruhe verborgene Idyllen und geniale Bauten erkunden.

Kräne weisen den Weg in die himmelhoch spiegelnde Zukunft des Kontinents. Wie ein gigantischer Krake aus Beton und Glas greift der europäische Verwaltungsapparat in Brüssels östlichen Vierteln um sich. Aus dem bürgerlichen Quartier Léopold der 1960er-Jahre wurde Espáce Léopold, eine Riesenbaustelle für die Ewigkeit. Jeden Monat ziehen die Bautrupps neue Bürokomplexe hoch, wie Tentakeln spannen sich futuristische Fußgängerbrücken über viel befahrene Verkehrsachsen. Gleichzeitig leisten sich vor allem die kleineren Landsmannschaften in der EU trotzige Statussymbole ihrer angeblichen Individualität: Die Bayern zum Beispiel brauchen ein Schloss im Leopoldpark. Und das Europäische Parlament ließ für viele Milliarden Euro ein verglastes Doppel-Ufo an der Rue Wiertz landen. In den vergangenen 45 Jahren sind der EU und ihren Institutionen viele Wohnviertel in den Gemeinden Etterbeek und St-Josse

◀ Léon de Pas stellt vor dem Ratsgebäude den mythologischen Raub der Europa dar.

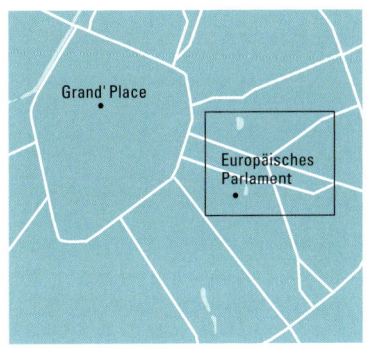

geopfert worden – und es entstand eine Stadt in der Stadt. Voller Widersprüche und Stilbrüche, mit provisorischen Bushaltestellen, Feinstaubattacken und endlosem Baulärm; aber auch voller eindrücklicher Perspektiven, versteckter Idyllen und genialer Konstruktionen, die man nur erleben kann, wenn man sich zu Fuß auf den Weg durch Straßenschluchten und Parklandschaften macht. Ausgangspunkt für einen Marsch durch die Institutionen à la Bruxelles ist der Rond-Point Schuman direkt vor dem Berlaymont-Gebäude. Vor allem an den Wochenenden, wenn die rund 40 000 Mitarbeiter der EU aus 28 Ländern ihre Freizeit weit weg von den Glaspalästen verbringen, kann sich ein staunender Besucher relativ ungestört das Quartier Européen erwandern.

SEHENSWERTES

❶ Batiment Delors   H 4

Die Mitarbeiter im klotzigen Gebäude des Europäischen Wirtschafts- und Sozialkomitees haben die Aufgabe, in allen Mitgliedsländern die europäische Integration zu fördern und das Verständnis für demokratische Prozesse weltweit zu fördern.

Etterbeek | 99, Rue Belliard | Metro: Schuman

❷ Consilium   H 4

Der Europäische Rat hat seinen Sitz im Batiment Justus Lipsius, einem rechtwinkligen Bau, der momentan um eine spektakuläre gläserne Sitzungskugel in einem Betonkorsett erweitert wird. Spötter nennen es nach dem Präsidenten des Europäischen Rats »Van-Rompuy-Ei« und weisen gerne darauf hin, dass dieser Entwurf endlich der berühmten »Eurobubble«, der Parallelwelt der Brüsseler Eurokraten, ein Denkmal setzt.

Etterbeek | 175, Rue de la Loi | Metro: Schuman

❸ EU-Skulpturen   H 4

Große Skulpturen vor den Gebäuden der EU-Institutionen regen zum Nachdenken über Kunst am Bau und symbolische Botschaften an: Vor dem Ratsgebäude reitet eine löchrige Europa aus Metallflicken auf einem ebenso transparenten Stier, der eher aussieht wie ein Hirsch. Das Werk stammt von Leon de Pas und soll »Europe en avant« darstellen. Auch die kräftig ausschreitende Figur eines großen Mannes vor dem

Lex-Gebäude in der Rue de la Loi soll auf eine glänzende Zukunft hinweisen. Deutlich klarer ist die Aussage des Euro-Monuments vor dem EU-Parlament: Eine Frau reckt mit ernstem Gesicht das Euro-Zeichen in die Luft. Bunt und kindlich dagegen wirkt die Skulptur »Europa« des französischen Bildhauers Bernard Romain, die seit 2003 im Garten Van Maerlant steht. Der Künstler hat die von vielen Armen getragene Weltkugel gemeinsam mit sehbehinderten jungen Menschen aus Kunstharz geformt.

Etterbeek | Rue de la Loi/Rue Belliard | Metro: Schuman

❹ Gare Bruxelles-Luxembourg

🚩 G 5

Ein großes Comic-Gemälde mit bekannten Figuren aus Hergés Schaffen schmückt die Schalterhalle des Bahnhofs mitten im EU-Viertel. Die schlichte Fassade mit dem Uhrturm steht in starkem Kontrast zu den futuristischen Fußgängerbrücken und dem Eingangsbereich des Europäischen Parlamentsgebäudes.

Etterbeek | Esplanade | Metro: Gare du Bruxelles-Luxembourg

❺ Maison Cauchie

🚩 J 5

Das Wohnhaus und Atelier des Architekten Paul Cauchie aus dem Jahr 1905 ist sowohl wegen seines reichen Fassadenschmucks in Sgraffiti-Technik wie auch wegen der detailverliebten Inneneinrichtung ein vollendetes Relikt des Brüsseler Art nouveau.

Etterbeek | 5, Rue des Francs | Metro: Merode | 1. Wochenende des Monats 10–13 und 14–17.30 für Besucher geöffnet | www.cauchie.be

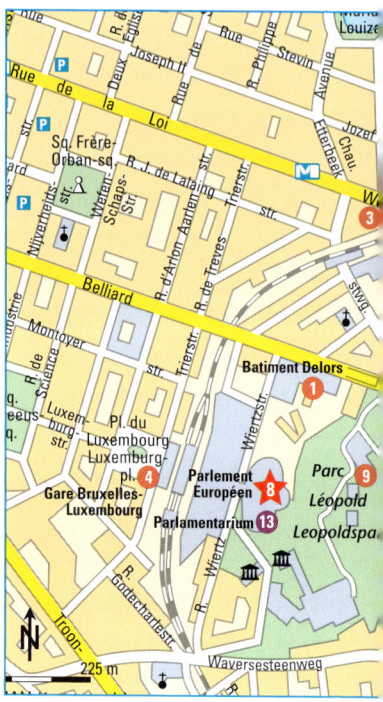

❻ Palais Berlaymont

🚩 H 4

Hauptsitz der Europäischen Union ist seit 1967 das Berlaymont, ein riesiges sternförmiges Gebäude am Rond-Point Schuman, dessen Architektur inspiriert wurde vom UNESCO-Sitz in Paris. Als es bezogen wurde, zählte die Union nur sechs Mitgliedsstaaten. Mittlerweile sind es 28, sodass man nicht weit entfernt das Hochhaus Charlemagne errichtete, das längst auch zu klein ist. Nach jahrelanger Renovierung ist das eigenwillige Verwaltungszentrum nun energetisch komplett autark. Es soll als Beispiel dienen für umweltverträgliches und nachhaltiges Bauen in der EU. Die Bautätigkei-

ten entlang der Rue de la Loi gehen weiter, jedes Jahr wachsen neue Glas- und Verwaltungspaläste in den Himmel. Einen Überblick über die Veränderungen geben Infotafeln an der Südfront des Gebäudes. Führungen sind nach Voranmeldung möglich.

Etterbeek | Rond-Point Schuman | Metro: Schuman | Tel. 2 84 21 21

7 Parc du Cinquantenaire (Jubelpark)   📖 J 4/5

Der 38 ha große Park in der Nähe der EU-Gebäude wurde 1880 anlässlich der 50-Jahr-Feier Belgiens eröffnet – daher der Name »Cinquantenaire«. Mittelpunkt des Parks ist das Palais du Cin-

quantenaire, das Ausstellungshallen und zahlreiche Museen beherbergt. Der 45 m hohe und 60 m breite Triumphbogen wurde 1905 vom Architekten Charles Girault gebaut. Die Frauengestalten am Fuß der drei Rundbögen stellen die belgischen Provinzen dar. Die bronzene Quadriga verkörpert den stolzen Staat Belgien. An der nordwestlichen Ecke des Parks steht die Große Moschee von Brüssel sowie ein provokantes Werk von Victor Horta, der Pavillon der menschlichen Leidenschaften, dessen freizügige Basreliefs wegen Renovierungsarbeiten bis ca. 2015 unter Verschluss gehalten werden.

Etterbeek | Metro: Schuman

8 Parc Jean-Félix Hap H 5

Dichtes Grün verbirgt die Schönheit dieses kleinen Parks vor den Augen der gehetzten Passanten. Seit 1959 ist er öffentlich zugänglich. Die gepflegte Gartenlandschaft im Stil des frühen 19. Jh. verführt mit einem Teich, dem Pavillon und der malerischen Orangerie zu einer Erholungspause im letzten unverbauten Rest des Tales von Maelbeek.

Etterbeek | 510, Chaussée de Wavre | Bus: 36 Konkel

9 Parc Léopold H 5

Wie lange wird dieses Grün noch der europäischen Bauwut standhalten? An seinen Rändern wird gehämmert, betoniert und geflucht. Aktuell erhält das Haus der Europäischen Geschichte eine neue Optik. 1851–1877 war der Park Brüssels Zoologischer Garten, heute ist er eine beliebte Picknickwiese und im ehemaligen Institut Pasteur, das aussieht wie ein Märchenschloss, trifft sich die bayerische Landesvertretung mit EU-Regelungsreduzierer Edmund Stoiber auf ein Weizenbier.

Etterbeek | Parc Léopold | Metro: Luxembourg, Schuman

8 Parlement Européen H 5

Die futuristische Fußgängerbrücke an der Place du Luxembourg bringt Tag für Tag Tausende von Abgeordneten, Lobbyisten, Eurokraten und Besucher hinein in das glasverkleidete Doppel-Oval des Europäischen Parlaments. »Größenwahnsinniges Ufo« und »Doppelter Camembert« sind nur einige Koseworte für das ehrgeizige architektonische Projekt. Hier tagen die Abgeordneten des supranationalen Parlaments von derzeit 28 Ländern alternierend zum Parlament in Straßburg.

Etterbeek | 43, Rue Wiertz | Metro: Luxembourg | Multimedia-Führungen: Mo–Do 10 und 15 Uhr, Fr 10 Uhr (außer in Sitzungswochen)

10 Quartier des Squares H 4

Der Square Ambiorix ist Mittelpunkt eines bestens gepflegten Jugendstilviertels. Der Volksmund nennt es Quartier des Squares, denn westlich des Square Ambiorix liegt der Square Marguerite, östlich der Square Marie-Louise mit einem hübschen Teich. Verbunden werden die Plätze durch die Avenue Palmerston. Ende des 19. Jh. überboten sich hier die Architekten mit dem Bau von Jugendstilhäusern. Einige exzentrische Beispiele: Hôtel van Eetvelde von Victor Horta (2–24, Av. Palmerston), St-Cyr-Haus von Gustave Strauven (11, Sq. Ambiorix), Hôtel Defice von Léon Govaerts (14, Av. Palmerston) und Hôtel Deprez Van de Velde von Victor Horta (3, Av. Palmerston).

St-Josse | Metro: Maelbeek

ESSEN UND TRINKEN
RESTAURANTS

11 Le Palais des Délices G/H 3

Orientalische Verführung – Authentische Gaumenfreuden aus dem Orient, ein großes Salatbuffet, günstige Tages-

Geliebte Frittensünde

Die krossen Stäbchen sind der ideale Snack beim Bummeln: Frisch, günstig und lecker! Die besten »Frittures« stehen auf der Place de la Chapelle, der Place Flagey und der Place Jourdan (▶ S. 15).

Der 1905 fertiggestellte Triumphbogen vom Architekten Charles Girault bildet den östlichen Eingang zum Jubelpark, dem Park du Cinquantenaire (▶ S. 105).

gerichte und Berge von süßen Nachspeisen. Nach dem opulenten Mahl lohnt es sich, durch die bunte Nachbarschaft zu flanieren.

St-Josse | 13, Pl. St-Josse | Metro: Madou | Mo–Sa 11–23 Uhr | €€

IMBISS

⑫ Maison Antoine   ⚑ H 5

Pommesparadies – Die berühmteste Frittenbude Brüssels ziert einen angenehm alltäglichen Marktplatz nördlich des Europaviertels und beglückt vor allem Eurokraten aus den umliegenden Büros. Da die Warteschlange manchmal um den halben Platz reicht, empfiehlt sich antizyklischer Appetit: Mittags nur einen Café und ab ca. 14 Uhr die volle Ladung Pommes.

St-Josse | Pl. Jourdan | Bus: 60 Jourdan | €

KULTUR UND UNTERHALTUNG

POLITIK

⑬ Parlamentarium   ⚑ H 5

Die Mitarbeiter im größten Informationszentrum der Welt warten mit Broschüren und interaktiven Programmen in 23 Sprachen auf, organisieren Führungen und erklären die politischen Prozesse im vereinten Europa.

Etterbeek | 60, Rue Wiertz | Metro: Gare Bruxelles-Luxembourg | Tel. 2 84 20 05 | www.europarl.europa.eu/parlamentarium

THEATER

⑭ Théatre 140   ⚑ J 3

Innovative Tanzperformances, Konzerte jenseits des Mainstream und internationale Gastspiele prägen das Programm der kreativen Bühne.

St-Josse | 140, Av. Plasky | Tram: 7, 25 Meiser | Tel. 7 33 97 08 | www.theatre140.be

NICHT ZU VERGESSEN

Ohne das abwechslungsreiche Umland mit königlichen Parks, Stadtwäldern, Aussichtsterrassen und selbstredend dem überdimensionalen Molekül, dem Atomium, wäre Brüssel nur eine schöne Großstadt. An der Peripherie zeigt sie sich in ganzer Pracht.

Sicher, die bedeutendsten Sehenswürdigkeiten, Museen und Attraktionen Brüssels drängen sich im kompakten Zentrum rund um Grand' Place, Mont des Arts und Manneken Pis. Aber denken Sie an das Atomium, an die Königlichen Gewächshäuser von Laeken, das weltberühmte Zentralafrika-Museum im Schloss von Tervuren oder an den Löwenhügel von Waterloo, wo Napoleon mit seinen Soldaten vernichtend geschlagen wurde und sich an einem Tag das gesamte Machtgefüge in Europa veränderte!

MAGISCHE ZUFLUCHTSORTE

Solche Stippvisiten an den Brüsseler Stadtrand kosten etwas Planung und auch Zeit – sie sind sicher nicht empfehlenswert, wenn man zum ersten Mal ein Wochenende hier verbringt. Aber spätestens beim zweiten Besuch in Belgiens Kapitale sollten Sie sich einige Abstecher gönnen. Denn:

◀ Das 1958 errichtete Atomium stellen ein
Eisenmolekül dar (▶ MERIAN TopTen, S. 109).

Ohne die großen und kleinen Schätze abseits des touristischen Mainstream lernt man Brüssel nicht kennen. Die Stadtwälder sind Zufluchtsorte in einem quirligen EU-Metropölchen, ein Tag im Bruparck ersetzt einen mehrtägigen Familienurlaub und der Blick von der Koekelberg-Terrasse über das nächtliche Lichtermeer der Innenstadt ist schlichtweg magisch.

Zudem setzen sich Bürgerinitiativen und Städteplaner vor allem in Anderlecht und Schaerbeek, den multikulturellen Gemeinden im Westen, für originelle Kulturprojekte, weltoffene Begegnungszentren oder geführte Themenspaziergänge ein, um weltoffene Besucher an ihrer kleinstädtischen Vielfalt teilhaben zu lassen.

Mit einem günstigen Tagesticket für das Liniennetz kann man schnell alle Ausflugsziele erreichen. Wer sportlich-fit zu Fuß oder mit dem Fahrrad auf Erkundungstour gehen will, folgt am besten den Markierungen der Promenade Verte, die viele Sehenswürdigkeiten im Grüngürtel verbindet.

SEHENSWERTES

Atomium   nördl. E 1

Der 102 m hohe Koloss aus Stahl und Aluminium wurde 1958 anlässlich der Weltausstellung vom Architekten André Waterkeyn konstruiert. Als Symbol für das Atomzeitalter stellt es die 165-milliardenfache Vergrößerung eines Eisenkristallmoleküls dar.

Die neun Kugeln haben je einen Durchmesser von 18 m, der Abstand zwischen den Kugeln beträgt 29 m. Die Rolltreppen in den Verbindungsrohren sind die längsten Europas, die größte misst 35 m. Durch das Zentralrohr führt der schnellste Lift Belgiens mit einer Geschwindigkeit von 5 m/sec in die obere Kugel. Von der dortigen Aussichtsplattform kann man bei gutem Wetter bis zur Kathedrale St-Rombouts im 25 km entfernten Mechelen sehen. Seit seiner umfassenden Renovierung glänzt der Bau mit interaktiven Ausstellungen, einer eigenen Kugel für Kinder und einem schicken Panoramarestaurant.

Heysel | Metro: Beekant und Heizel | tgl. 10–18, im Sommer 10–20 Uhr, regelmäßig Abendveranstaltungen | www.atomium.be | Eintritt 11 €

Basiliek Koekelberg   C1

Die Basilique Nationale du Sacré-Cœur (Nationalbasilika zum Heiligen Herzen) auf dem Plateau des Koekelbergs im Westen der Stadt ist die fünft-

Atomium 11

Setzen oder legen Sie sich an einem sonnigen Vormittag unter das Atomium und suchen Sie in den hochglänzenden Kugeln Ihre verzerrten Spiegelbilder (▶ S. 15).

größte katholische Kirche der Welt. Sie wurde ab 1905 im Stil des Modernismus und Art déco errichtet, Architekt Albert Huffel jedoch erlebte die Fertigstellung seines Lebenswerkes nicht mehr. Erst 1970 waren die Arbeiten am dominanten Bau abgeschlossen. Durch die lange Bauzeit (das Gerüst stand insgesamt 50 Jahre) entstand eine interessante Mischung aus verschiedenen Stilen. Bemerkenswert ist eine 3 m hohe Bronzestatue auf dem Hochaltar von Georges Minne von 1941; auch ein Museum für religiöse Kunst (Do, Fr, So 14–16 Uhr) und Veranstaltungsräume sind in der Basilika am Rande des prachtvollen Parc Elisabeth untergebracht.
Koekelberg | Metro: Simonis | tgl. 9–17, im Winter 10–17 Uhr

Bruparck nördl. E 1

Der Freizeitpark wurde 1987–1988 angelegt. Er liegt zwischen dem Heysel-Stadion und dem Atomium und besteht aus vier Teilen: der Miniaturstadt Mini Europe, dem Erlebnisbad Océade, dem Kinozentrum Kinépolis und dem Dorf Le Village.
Im 7000 qm großen Océade gibt es Wasserrutschen, Wellenbäder, Solarien und Saunen. Le Village ist tagsüber und abends geöffnet. Dort hat in Disneyworld-Manier ein Dorf errichtet, mit Restaurants, Boutiquen und einer Diskothek. In der Anlage Mini Europe wurden mit Liebe zum Detail und kritischen Untertönen Städte und Landschaften aus allen Mitgliedsländern der Europäischen Union im Maßstab 1:25 nachgebildet. Zu empfehlen ist eine faktenreiche Broschüre, in der die 28 EU-Nationen vorgestellt werden.

Heysel | Metro: Heysel | www.bruparck.be | Tel. 4 74 83 83 | Gelände: tgl. 9.30–18, Juli, Aug. 9.30–20, 21 Uhr, Jan.–Mitte März geschlossen; die Öffnungszeiten von Océade und Le Village ändern sich saisonal | Eintritt mind. 14,10 €, Kinder 10,60 €, Kombitickets ca. 30 €

Château Royal und Domaine de Laeken nördl. F 1

Der königliche Palast befindet sich in einem 160 ha großen Waldstück nördlich der Innenstadt an der Avenue du Parc Royal und wurde 1784 für den Generalstatthalter Herzog Albert von Sachsen-Teschen erbaut. Der erste König der Belgier, Leopold von Sachsen-Coburg, bezog das Schloss bei seiner Thronbesteigung 1865. Nach einem Brand 1890 wurde es vom Architekten Balat rekonstruiert, zwölf Jahre später von Girault zur jetzigen Form erweitert.
Die exotische Pflanzenpracht in den miteinander verbundenen Königlichen Gewächshäusern ist jedes Jahr von Ende April bis Anfang Mai zwei Wochen lang für die Öffentlichkeit zugänglich. Anlegen ließ sie der Gartenliebhaber Leopold II. in den Jahren 1876–1895. Der spätere Jugendstilbaumeister Victor Horta hat daran als Assistent seines Professors Balat mitgewirkt. Nicht weit davon steht auf einer Verkehrsinsel die Fontaine de Neptune, der Neptunbrunnen. Er ist eine Nachbildung des 1566 von dem flämischen Bildhauer Giovanni da Bologna entworfenen Brunnens, der heute auf der Piazza del Nettuno in Bologna steht.
Der Chinesische Pavillon und der Japanische Turm am nördlichen Ende des Domaine de Laeken wurden anlässlich der Weltausstellung im Jahr 1900 in Pa-

ris von Alexandre Marcel gebaut und anschließend von Leopold II. gekauft. Im Chinesischen Pavillon ist eine bedeutende Porzellansammlung untergebracht, im Japanischen Turm kann eine Ausstellung über Kunst aus dem Fernen Osten besucht werden.

Laeken | Av. du Parc Royal | Tram: 3, 7 Araucaria | Museen: Di–Fr 9.30–17, Sa und So 10–17 Uhr

Forêt de Soignes   südöstl. K 6

Obwohl der Autobahnring direkt hindurchgeht, ist die Forêt de Soignes immer noch Brüssels größtes Waldgebiet. Dank der Größe von 4300 ha gibt es selbst an Wochenenden noch viele stille Wege zum Spazierengehen. 80 % des Baumbestandes sind Buchen, die bereits von den Österreichern im 18. Jh. aufgeforstet wurden.

Südöstlich von Brüssel | Metro: Herrmann Debroux

König-Baudouin-Stadion   nördl. C 1

Diese klassisch-schöne Fußballarena – vormals unter dem Namen Heysel-Stadion bekannt – wurde 1930 nach Plänen des Architekten Van Neck gebaut und fasste ursprünglich über 70 000 Zuschauer. Bei Sportfans war sie vor allem wegen der guten Sicht von allen Plätzen beliebt. Unvergesslich ist die Tragödie vom 29. Mai 1985 beim Europapokal-Endspiel zwischen FC Liverpool und Juventus Turin. Wegen eines Fehlers der Brüsseler Organisatoren standen italienische und englische Fans in den Blöcken Z und Y direkt nebeneinander. Die Engländer griffen an, eine brüchige Mauer des alten Stadions stürzte ein, 38 Italiener kamen ums Leben, Hunderte wurden verletzt. Mittlerweile wurde das Stadion aufwendig umgebaut.

Heysel | Av. du Marathon | Metro: Heysel

Der Chinesische Pavillon (▶ S. 110), im Louis-IV-Stil und mit chinesischen Motiven gestaltet, beherbergt eine beeindruckende Sammlung chinesischen Porzellans.

MUSEEN UND GALERIEN

Brüssel ist eine der wenigen Städte, in denen sich Menschen mit weitem Horizont über schlechtes Wetter freuen. Denn wenn es draußen regnet oder stürmt, macht eine beeindruckende Runde durch die unglaublich vielfältige Museumslandschaft besondere Freude.

73 Sammlungen umfasst allein die offizielle Übersicht der Touristeninformation. Dabei reicht das Angebot von den weltberühmten Rubens- und Breughel-Gemälden in den Musées royaux des Beaux-Arts bis zur lokalen Braukunst oder der skurrilen Kostümkollektion des Manneken Pis, von den Werken eines René Magritte über Buchdrucke aus der Renaissance bis zum kühnen Strich der belgischen Comic-Zeichner.

Dicht an dicht werben die Museen vor allem am Mont des Arts, dem mondänen Kulturviertel zwischen royaler Ober- und bürgerlicher Unterstadt, um die Aufmerksamkeit der Besucher. Hier, ganz nahe am touristischen Zentrum, hat man die Qual der Wahl zwischen Pop Art, flandrischen Primitiven und Surrealismus, zwischen Stadtarchäologie in den Gängen des Coudenberg und fernen Klangwelten aus dem Musikinstrumentenmuseum. Sonderausstellungen von Weltrang sorgen für zusätzliche Optionen.

◀ Freunde des Surrealismus können sich im
Musée Magritte Museum (▶ S. 118) sattsehen.

Oder reizt Sie die moderne Kunst? Im hippen Wiels am Rand der Südstadt dürfen potenzielle Talente und Artists in Residence ein wohlwollen-
des Forum nutzen, im engagierten Art)&(Marges stellen geistig und körperlich behinderte Künstler ihre zum Teil sehr beeindruckenden Werke
zur Schau und in den vielen Galerien der Stadt darf man in aller Ruhe
selbst auf die Suche nach einer kreativen Entdeckung gehen …

VON INNEN UND AUSSEN BEWUNDERNSWERT

Doch damit nicht genug. Sollte das Wetter wechselhaft sein, dann lohnen
sich Spaziergänge zu den Jugendstilbauten von Victor Horta und Paul
Cauchie, die man sowohl von außen wie von innen bewundern kann.
Wer dagegen mit Kindern auf Stadterkundung ist, sollte das Naturwis-
senschaftliche Museum mit seinen Dinosaurierskeletten einplanen sowie
den unterhaltsamen Comic-Spaziergang (Street Art Walk, ▶ S. 53) und
eine Naschtour durch das Schokolademuseum.
Um viele Ausstellungen besuchen zu können, lohnt sich die Brussels Card,
die vergünstigt den Eintritt in 32 Museen mit freier Fahrt in Metro, Tram
und Bus sowie weiteren Preisvorteilen kombiniert (▶ S. 149). Wer langfristig plant, kann einige Brüsseler Ausstellungen am ersten Mittwoch
jeden Monats nachmittags kostenlos oder deutlich ermäßigt besuchen.

MUSEEN

Art)&(Marges ▌⁄ E 5

Ambitioniertes Museum mit Arbeiten
von geistig oder körperlich behinder-
ten Künstlern, die einem größeren Publikum zugänglich gemacht werden.
Einige Werke sind auch in den Schau-
fenstern der Nachbarschaft zu sehen.
Marolles | 312–314, Rue Haute | Metro:
Porte de Hal | www.artetmarges.be |
Di–So 11–18 Uhr

Belgisches Brauereimuseum ▌⁄ F 4

Alles Wissenswerte rund um das belgische Nationalgetränk mit seinen über

600 Sorten wird in einer Brauerei aus
dem 17. Jh. anschaulich präsentiert.
Ilôt Sacré | 10, Grand'Place | Metro:
Bourse | www.beerparadise.be | tgl.
10–17 Uhr | Eintritt 5 €

Belgisches Comic-Zentrum 10

▌⁄ F 3

In dem von Jugendstilbaumeister Victor Horta im Jahr 1906 erbauten ehemaligen Warenhaus Waucquez hat die
bedeutende Rolle des Landes Belgien
in der Geschichte der Comics einen
würdigen Rahmen gefunden. Neben
einer gezeichneten Zeitreise von den

ersten Höhlenmalereien bis zu japanischen Mangas aus dem 19. Jh. werden vor allem die kreativen Prozesse und Produktionsschritte erläutert. Wechselnde Ausstellungen widmen sich den Stars der belgischen Comic-Zeichner: Morris ist der Erfinder von Cowboy Lucky Luke und dessen trotteligem Hund Rantanplan, der 1984 verstorbene Hergé erschuf Figuren wie Gaston Lagaffe oder Tintin & Snowy – in Deutschland als Tim & Struppi bekannt; Willy Vandersteen ist der geistige Vater der in Belgien beliebten Comic-Geschwister Suske en Wiske, und wer sich mehr für den vielfältigen Zeichner Marc Sleen interessiert, kann gegenüber dessen ehemalige Atelierwohnung besuchen (▶ S. 117). Die angeschlossene Bibliothek des Centre Belge de la Bande Dessinée (CBBD)

verleiht ca. 25 000 Bände, im Museumsshop gibt es originelle Mitbringsel und in der Brasserie Horta kann man die vielen Informationen sacken lassen. Ilôt Sacré | 20, Rue des Sables | Metro: Rogier | www.cbbd.be | Di–So 10–18 Uhr | Bibliothek Di–Fr 12–17, Sa 10–18 Uhr | Eintritt 8 €

Bozar/Palais des Beaux-Arts ⚓ F 4

Wechselnde Ausstellungen, Retrospektiven und Installationen finden im Kulturzentrum zwischen Ravenstein und Parc Royal ebenso erfolgreich statt wie Konzerte, Performances und andere hochkarätige Kulturveranstaltungen. Ebenso hochgelobt wie die Exponate und ihre Künstler sind die kulinarischen Kreationen von Küchenchef David Martin, die in der hauseigenen Brasserie serviert werden.

Im Belgischen Comic-Zentrum (▶ MERIAN TopTen, S. 113) geben sich Tim & Struppi, Gaston und Lucky Luke ein Stelldichein. Für architektonisch Interessierte lohnt sich das Museum ebenfalls.

Mont des Arts | 23, Rue Ravenstein und 10, Rue Royale | Metro: Gare Centrale | Tel. 5 03 00 00 | www.bozar.be | Di–So 10–18 Uhr, Do bis 21 Uhr, Brasserie Di–Sa mittags und abends

Buchbindereimuseum ⚔ östl. K 5

In dieser kleinen, feinen Privatsammlung, der Bibliotheca Wittockiana, sind an die 3000 historische Buchbände ausgestellt, darunter auch kostbare Stücke aus der Renaissance.
Woluwe-St-Pierre | 23, Rue du Bemel | Metro: Boileau | www.wittockiana.org | Di–Sa 10–17 Uhr | Eintritt 5 €

Clockarium ⚔ K 3

Einst der feine Schmuck von Kaminsimsen und Kommoden sind rund 3000 historische Uhren mit Keramikgehäusen und andere Fayence-Objekte heute in einem ebenfalls sehenswerten Jugendstilhaus vereint.
Schaerbeek | 163, Boulevard Auguste Reyer | Metro: Meiser | www.clockarium.net | sonntags Führungen auf Französisch um genau 15.05 Uhr

Coudenberg ⚔ F 4

In den Gewölben des zerstörten mittelalterlichen Palastes sind archäologische Funde, die Aula Magna von Karl V. und eine schaurig-idyllische Gasse zu sehen. Eingang im Musée BELvue.
Mont des Arts | 7, Pl. du Palais | Metro: Gare Centrale | www.coudenberg.com | Di–Fr 10–17, Sa und So 10–18 Uhr | Eintritt 5 €

Éditions Jacques Brel ⚔ F 4

Eine nachgebaute Künstlergarderobe, viele Fotos aus seiner Karriere und seinem Privatleben, starke Chansons und jede Menge Literatur erinnern an den Sänger, Schauspieler und Lebenskünstler, dessen große Liebe immer der Musik und seiner Heimatstadt Brüssel galt.
Ilôt Sacré | 11, Pl. de la Vieille Halle aux Blés | Metro: Gare Centrale | www.jacquesbrel.be | Di–So 12–18 Uhr

Erasmus-Haus ⚔ nördl. A 1

Das ehemalige Wohnhaus des Humanisten Erasmus von Rotterdam in Anderlecht ist in ein Museum umgewandelt worden. Es ist im Stil des 16. Jh. eingerichtet, außerdem sind zahlreiche Schriftstücke des Gelehrten ausgestellt. Im Philosophen- und Heilpflanzengarten ist es beeindruckend still.
Anderlecht | 31, Rue du Chapitre | Metro: St-Guidon | Di–So 10–17 Uhr | Eintritt 2,50 € inkl. Begijnhof Anderlecht

Fernost-Museen ⚔ nördl. G 1

Der Chinesische Pavillon und der Japanische Turm in dem Domaine Laeken sind Zeitzeugnisse aus den 1930er-Jahren und beherbergen zwei wertvolle Sammlungen asiatischer Kunstgegenstände, vor allem chinesisches Porzellan und japanische Malerei.
Laeken | 44, Av. Jules van Praet | Tram: De Wand | www.kmkg-mrah.be | Di–Fr 9.30–17, Sa und So 10–17 Uhr | Eintritt 4 €

Freimaurer-Museum ⚔ E/F 3

Spannende Einblicke in Aufbau und Mitgliederstruktur der meist im Hintergrund wirkenden Logen erlaubt diese Sammlung von seltenen Dokumenten. Ein paar Geheimnisse um den Männerbund werden dabei aufgedeckt.
Kaaiviertel | 73, Rue de Laeken | Metro: Yser | www.mbfm.be | Di–Fr 13–17, Sa 13–16 Uhr | Eintritt 4 €

Gueuze-Museum D 4

Um die Jahrhundertwende gab es in der Stadt noch 60 Brauereien, die mithilfe spezieller Hefekulturen Gueuze-Lambic herstellten, die lokale Bierspezialität. Diese alte Tradition wird noch in der Brauerei Cantillon nahe des Gare-Midi gepflegt, zudem bieten Kostproben stimmungsaufhellende Einblicke in die aktuellen Trends auf dem belgischen Biermarkt.

Molenbeek | 56, Rue Gheude | Metro: Clemenceau | www.cantillon.be | Brauerei und Museum: Mo–Fr 9 –17, Sa 10–17 Uhr | Eintritt 6 €

Horta-Museum südl. F 6

Die beiden Privathäuser, in denen seit 1969 das Museum untergebracht ist, baute sich Victor Horta, der berühmteste belgische Jugendstilbaumeister, zwischen 1898 und 1901 auf dem Höhepunkt seiner Karriere. Das mit Arabesken und gusseisernem Zierrat gegliederte Wohnhaus und Studio an sich sind schon ein Kunstwerk, zudem sind sie bis unters Dach ausgestattet mit stiltypischen Wandgemälden, Buntglasfenstern und Mosaiken.

St-Gilles | 25, Rue Américaine | Tram: 81, 92, 97 Pl. Janson | www.hortamuseum. be | Di–So 14–17.30 Uhr | Eintritt 7 €

Jubelparkmuseum für Kunst und Geschichte J 4/5

Weil der königliche Fundus durch Schenkungen, Fundstücke und Ausgrabungen stark gewachsen war, wurde 1922 das königliche Museum im Südflügel des Cinquantenaire-Palastes eingerichtet. Die vier Abteilungen Archäologie, Altertum, außereuropäische Kulturen und europäisches Kunstge-

werbe gleichen einem bunten Sammelsurium, zu den hiesigen Schätzen zählen u. a. tonnenschwere Steinskulpturen von den Osterinseln, mittelalterliche Wandteppiche und wertvolle chinesische Seidenstoffe.

Etterbeek | 10, Parc du Cinquantenaire | Metro: Merode | www. kmkg-mrah.be | Di–Fr 9.30–17, Sa und So 10–17 Uhr | Eintritt 5 €

Kinomuseum Cinematek F 4

Eine umfassende Bibliothek mit über 50 000 Bänden Fachliteratur sowie eine ständige Ausstellung rund um die laufenden Bilder. Täglich finden Stummfilmvorführungen mit Klavierbegleitung statt.

Mont des Arts | 9, Rue Baron Horta | Metro: Gare Centrale | www. cinematheque.be | Bibliothek: Mo, Mi 9.30–17, Fr 9.30–13 Uhr, Stummfilme Mo, Di, Fr 16.30 Uhr, Mi, Di, Sa und So 14.30 Uhr | Eintritt 3 €

Kostüm- und Spitzenmuseum F 4

In zwei Giebelhäusern aus dem 18. Jh. werden filigrane Spitzen- und Häkelarbeiten, Kostüme und Accessoires aus ganz Europa gezeigt. Spannender als die Dauerausstellung sind die wechselnden Themenschauen mit teils einzigartigen Exponaten der Haute Couture.

Ilôt Sacré | 12, Rue de la Violette | Metro: Bourse | Do–Di 10–17 Uhr | Eintritt 4 €

Maison Cauchie ▸ S. 104

Maison du Folklore et des Traditions E/F 4

Wer Antiquitäten und Kuriosa liebt, wird diese Sammlung lange nicht verlassen: Bedruckte Dosen aus alten Zeiten, Relikte aus dem Wäscheschrank, seltene Lithografien, Haushaltswaren und vieles mehr erinnern an die Lebensumstände der Brüsseler in der jüngeren Vergangenheit. Sonderausstellungen zeigen vor allem originelle Privatsammlungen von Menschen, die ihr halbes Leben auf dem Marolles-Flohmarkt (▶ S. 81) verbracht haben.

Zentrum | 19, Rue du Chêne | Metro: Gare Centrale | Mi–So 13–18 Uhr | Eintritt frei

Maison René Magritte Museum

nördl. C1

Von 1930 bis 1954 lebten, feierten und arbeiteten René und seine Frau Georgette Magritte in diesem Haus. Die Möbel und privaten Erinnerungsstücke in Wohnung, Atelier und Garten des Meisters des Surrealismus erlauben Einblicke in das Leben der kreativen Bohème.

Jette | 135, Rue Esseghem | Tram: 19, 51, 94 Cimetière de Jette | www. magrittemuseum.be | Mi–So 10–18 Uhr | Eintritt 7 €

Marc Sleen Museum

F 3

Direkt gegenüber dem weltbekannten Belgischen Comic-Zentrum (▶ S. 113) ist dem Erfinder des Antihelden Nero (flämisch: Nibbs) in einem ehemaligen Redaktionsbüro ein großzügiges Museum gewidmet. Rund 15 000 Werke des inzwischen zum Ritter geschlagenen Zeichners und Geschichtenerzählers Marc Sleen (gebürtig Marcel Honoré Nestor Neels, 1922 geboren) sind dort zu sehen.

Zentrum | 33-35, Rue des Sables | Metro: Gare Centrale | www.marc-sleen.be | Di–So 11–13 und 14–18 Uhr | Eintritt 2,50 €

Marionettenmuseum

F 3

Die umfangreiche Sammlung an Puppen kann im Théâtre Toone (▶ S. 40) während der Vorstellungspausen besichtigt werden.

Ilôt Sacré | 21, Petite Rue des Bouchers | Metro: Bourse | www.toone.be | Di–Sa 12–23 Uhr | Eintritt 10 €

Musée BELvue

F 4

Multimediale Dokumentation über die Höhepunkte in der Geschichte des souveränen Staates Belgien.

Mont des Arts | 7, Pl. des Palais | Metro: Gare Centrale | www.belvue.be | Di–Fr 10–17, Sa und So 10–18 Uhr | Eintritt 5 €

Musée Constantin Meunier

südl. G 6

Das Atelier und die Wohnung des exzentrischen Bildhauers (1831–1905) sind originalgetreu erhalten. Vor allem die Gemälde, Skulpturen, Aquarelle, Zeichnungen und Entwürfe zeigen seine künstlerische Vielfalt. Das auffällige Grab Meuniers findet man übrigens auf dem Friedhof von Ixelles (Cimetière d'Ixelles, ▶ S. 87).

Ixelles | 59, Rue de l'Abbaye | Tram: 94 Abbaye | www.fine-arts-museum.be

Musée du Jouet (Spielzeugmuseum)

B 3

Bereits 1850 gegründet zeigt es neben historischem Spielzeug auch originelle Spielideen aus den vergangenen 25 Jahren. Einige Exponate darf man sogar ausprobieren und für Kinder gibt es mehrere Spielecken.

Mont des Arts | 24, Rue de l'Association | Metro: Botanique | www. museedujouet.eu | tgl. 10–12 und 14–18 Uhr | Eintritt 5,50 €, Kinder 4,50 €

Musée du Cacao et du Chocolat

F 4

Naschkatzen können hier erleben, wie aus bitteren Kakaobohnen feinste Schokolade hergestellt wird. Natürlich gibt es Kostproben und jeden Mittwoch können Kinder zwischen fünf und zehn Jahren lernen, wie echte belgische Pralinen hergestellt werden.

Ilôt Sacré | 9–11, Rue de la Tête d'Or | Metro: De Brouckère | www.mucc.be | Di–So 10–16.30 Uhr | Eintritt 5,50 €, Kinder 3,50 €

Musée David et Alice van Buuren

südl. F 6

Die formvollendete Opulenz eines Privathauses im Jugendstil ist in der Villa der Eheleute van Buuren dokumentiert. Nicht nur die harmonische, farblich manchmal gewagte Möblierung, auch der große Garten der Bankiersfamilie mit eigenwilligen Pflanzkombinationen, herzförmigen Buchshecken, einem Labyrinth und lauschigen Nischen sind lohnende Attraktionen in vollendeter Harmonie.

Ixelles | 31, Av. Léo Errera | Tram: 3, 7, 4 Churchill | www.museumvanbuuren. be | Mi–Mo 14–17.30 Uhr | Eintritt 10 €

Musée Fin-de-Siècle

F 4

Als ambitionierter »Nachfolger« des Museums für moderne Kunst zeigt die im Dezember 2013 eröffnete Ausstellung einen Querschnitt durch Malerei, Bildhauerei, Glaskunst und Design des ausgehenden 19. Jh. in ihrem historischen Kontext. Im Mittelpunkt stehen jene Künstlerzirkel, die ab dem Jahr 1868 und bis 1914 die Debatte über die Moderne in Belgien eröffneten sowie Exponate aus der bedeutenden Jugend-stilsammlung Gillion Crowet. Werke von Constantin Meunier, James Ensor, Fernand Khnopff, Victor Horta, Henry van de Velde und vielen anderen bezeugen die branchenübergreifende Kreativität der Epoche.

Mont des Arts | 3, Rue de la Régence | Metro: Gare Centrale | www.fine-arts-museum.be | Di–So 10–17 Uhr

Musée Juif (Jüdisches Museum)

F 4

In Filmen und seltenen Dokumenten aus vier Jahrhunderten gibt die Ausstellung des Musée Juif de Belgique Einblicke in die Riten und Gebräuche des jüdischen Lebens in Belgien und dem restlichen Europa.

Marolles | 21, Rue de Minimes | Metro: Lemmonier | www.new.mjb-jmb.org | Di–So 10–17 Uhr | Eintritt 5 €

Musée Magritte Museum   **F 4**

Durch den Ausbau des Kunstbergs (Mont des Arts, ▶ S. 70) erhielten 2009 mehr als 200 Werke von René Magritte (1898–1967) endlich genügend Raum, um die Betrachter mitzunehmen auf die fantastische Reise durch die Welt des berühmten Surrealisten, dessen künstlerisches Spektrum auch Grafik, Poesie und impressionalistische Phasen umfasste. Opulent inszeniert und bestens bewacht zeigt die Ausstellung nicht nur berühmte Gemälde, sondern viele ausdrucksstarke private Dokumente aus dem Leben von René Magritte und seiner Frau Georgette.

Mont des Arts | 3, Rue de la Régence | Metro: Gare Centrale | www.musee-magritte-museum.be | Di–So 10–17 Uhr, Mi bis 20 Uhr | Eintritt 8 €, Kinder frei, Audioguide 4 €

Im Museum für alte Kunst (▶ S. 119) bilden Gemälde der niederländischen Meister, wie Dirk Bouts, Jérôme Bosch oder Antoine van Dyck, das Herzstück der umfangreichen Sammlung.

Museum für Alte Kunst   F 4

Im prominentesten Teil der Musées royaux des Beaux-Arts ist eine der bedeutendsten Sammlungen alter Meister in Europa zu sehen. Allein über 50 Rubens-Gemälde hängen im architektonisch sehr reizvollen Rubens-Saal. Die Breughel-Sammlung gehört mit jener im Kunsthistorischen Museum in Wien zu den interessantesten weltweit. Wechselnde Sonderausstellungen bieten intensive Einblicke in die klassische Kunst des 15.–19. Jh. Um die Meisterwerke in ihrer historischen und inhaltlichen Fülle zu verstehen, braucht man jedoch die Erklärungen aus dem Audioguide, denn die Beschriftung ist minimalistisch.

Mont des Arts | 3, Rue de la Régence | Metro: Gare Centrale, Parc | Führungen Tel. 5 08 33 33 | www.fine-arts-museum. be | Di–So 10–17 Uhr | Eintritt 8 €

Museum Wiels   südl. D 6

Junge unkonventionelle Maler, Bildhauer und Videokünstler geben sich als »artists in residence« viel Mühe, die Grenzen des Kunstbegriffs zu sprengen und sich auf keinen Fall in Schubladen quetschen zu lassen. Gelegentlich wirken diese Versuche arg verkrampft … Doch wechselnde Ausstellungen zeitgenössischer Kreativer aus aller Welt halten das künstlerische Niveau in den Räumen der ehemaligen Brauerei Wielemans Ceuppens aufrecht. Gemeinsam mit der günstigen Brasserie, die Bio-Salate, Quiches u. a. anbietet, sorgt die Kunst zwischen den alten Kupferkesseln für einen geistig und körperlich sättigenden Besuch.

St-Gilles/Forest | 354, Av. Van Volxem | Tram: 82, 97 Wiels | Tel. 3 40 00 53 | www. wiels.org | Mi–So 11–18 Uhr | Eintritt 8 €

Musée Wiertz · H 5

Als Teil der Musées royaux des Beaux-Arts zeigt die übersichtliche Ausstellung monumentale, idealisierende Ölgemälde des Malers Antoine Wiertz, der im 19. Jh. die Salons der selbstbewussten bürgerlichen Aufsteiger mit zarten, nackten Schönheiten und allegorischen Kompositionen geschmückt hat. König Leopold I. verehrte den Maler so sehr, dass er ihm um 1850 auf Staatskosten das nun als Museum genutzte Wohnhaus bauen ließ.

Etterbeek | 62, Rue Vautier | Metro: Gare Bruxelles-Luxembourg | www.fine-arts-museum.be | Di–Fr 10–12 und 13–17 Uhr

Musikinstrumentenmuseum MIM · F 4

Eine stattliche Sammlung von über 2000 Instrumenten und vielen seltenen Dokumenten aus zwei Jahrtausenden haben in den Räumen des 1899 erbauten Jugendstilkaufhauses Old England einen repräsentativen Rahmen gefunden. Per Kopfhörer können Besucher sogar Klangproben der ausgestellten Stücke genießen; im großen Saal finden regelmäßig Konzerte statt und vom Bistro auf der Dachterrasse hat man einen grandiosen Panoramablick.

Mont des Arts | 2, Rue Montagne de la Cour | Metro: Gare Centrale | www.mim.be | Di–Fr 9.30–16.45, Sa und So 10–16.45 Uhr | Eintritt 8 €, Kinder und Jugendliche 2 €

Musée des Enfants (Kindermuseum) · südöstl. H 6

»Ich sehe und vergesse, ich höre und erinnere mich, ich mache und verstehe.« Dieses chinesische Sprichwort ist das Motto dieses einzigartigen Museums in einer alten Villa in Ixelles, umgeben von einem verwunschenen Park. Man wandelt durch einen Spiegelkorridor, kriecht in ein geheimnisvolles weißes Zelt und öffnet die »Schachtel der Düfte«. Die Mitarbeiter des Museumsateliers bieten spannende Führungen und Aktionen für Kinder ab 6 Jahren.

Ixelles | 15, Rue du Bourgmestre | Tram: Etterbeek | www.kindermuseum.be | Mi, Sa, So 14.30–17 Uhr, im Juli Mo–Fr 14.30–17 Uhr, im Aug. und feiertags geschl. | Eintritt 7,50 €

Muséum des Sciences Naturelles (Naturwissenschaftliches Museum) · H 5

Das Museum übt auf Kinder eine große Faszination aus, besonders die renovierte Galerie der Dinosaurier mit 35 einzigartigen und imposanten Skeletten, darunter einige der Art Iguanodon, die 1878 im belgischen Bernissart gefunden wurden. Eine Reise an einer Bildwand führt 1000 m in die Tiefen des Ozeans hinab, eine eigene Abteilung widmet sich der Bedrohung der Wale. In der neuen Galerie werden Sonderausstellungen spannend präsentiert.

St-Josse | 29, Rue Vautier | Metro: Maaelbeek | www.naturwissenschaften. be | Di–Fr 9.30–17, Sa und So 10–18 Uhr | Eintritt 7 €, Kinder 4,50 €

Porte de Hal E 5

Ritterrüstungen, höfischer Schmuck und Kirchenschätze werfen höchst unterschiedliche Schlaglichter auf die Geschichte der Stadt – und von den Zinnen des Wehrgangs hat man einen großartigen Blick auf die Marolles und das historische Zentrum.

St-Gilles | Boulevard du Midi | Metro: Porte de Hal | www.mrah.be | Mo–Fr 9.30–17 Uhr, Sa und So 10–17 Uhr | Eintritt 5 €

Stadtmuseum   F 4

In der Maison du Roi (▶ S. 62) untergebracht wird hier die Historie der Stadt dargestellt – von der sumpfigen Wehrsiedlung am Ufer der Senne bis zur Hauptstadt Europas. Eindrucksvoll ist auch die Kollektion von über 800 Kostümen, die im Laufe der Jahrhunderte für Manneken Pis angefertigt wurden.
Ilôt Sacré | Grand' Place | Metro: Bourse | Di–So 10–17 Uhr | Eintritt 4 €

Tram- und Verkehrsmuseum
    östl. K 5

Nostalgische Straßenbahnwaggons sowie Oberleitungsbusse und Taxis aus den vergangenen 150 Jahren sind in dem Depot von 1897 für die verzückt staunende Nachwelt erhalten.
Tervuren | 364B, Av. de Tervuren | Tram: 94 Musée du Tram | www.trammuseum brussels.be | April–Okt. an den Wochenenden 13–19 Uhr, sonst nur am 2. Wochenende jeden Monats

Waterloo 1815   südl. K 6

Der 45 m hohe Löwenhügel über dem Schlachtfeld und ein 110 m breites Panoramagemälde erinnern an den 18. Juni 1815, als die verheerende Niederlage der napoleonischen gegen die englischen Truppen unter dem Kommando des Herzogs von Wellington die Welt veränderte. Um 11.30 Uhr gab Napoleon seinen rund 125 000 Soldaten den Befehl zum Angriff, zwei Stunden später war der französische General vernichtend geschlagen. Heute wird die Schlacht jedes Jahr am 18. Juni nachgestellt. Ein detaillierter Plan der insgesamt 430 Denkmäler ist im Besucherzentrum beim Löwenhügel erhältlich.
Waterloo | 315, Route du Lion | Tel. 3 85 19 12 | www.waterloo1815.be | April–Okt. tgl. 9.30–18.30, Nov.–März tgl. 10–17 Uhr | Eintritt 12 €

Zentralafrika-Museum   östl. K 2

Das 1910 in einem Schloss im Vorort Tervuren eröffnete Museum ist wegen Renovierung und Neukonzipierung der Ausstellung bis 2016 geschlossen.
Tervuren | 13, Leuvensesteenweg | Tram: 44 Tervuren Station | www.africamuseum.be

GALERIEN

Galerie Paris-Beijing   E 6

Als Ableger aus Paris hält und fördert die Galerie in den hohen Räumen des ehemaligen Jugendstilhotels Winssinger den inspirierenden Kontakt zur aufstrebenden asiatischen Kunstszene. Schwerpunkte sind aktuelle Fotokunst, vor allem aus China, sowie exzellente Publikationen.
St- Gilles | 66, Rue de l'Hôtel des Monnaies | Metro: Porte de Hal | Tel. 8 51 04 13 | www.galerieparisbeijing.com | Di–Sa 11–19 Uhr

Xavier Hufkens   südl. G 6

Vor allem junge, vielversprechende Künstler aus dem englischsprachigen Raum finden in der ambitioniert gestalteten Galerie am Rande der Stadt einen kompetenten und bestens vernetzten Brückenkopf in die frankofone Szene.
Ixelles | 6–8, Rue St-Gelorges | Tram: 94 Abbaye | Tel. 6 39 67 30 | www. xavierhufkens.com | Di–Sa 11–18 Uhr

EINE RUNDE MITTELALTER UM DIE ALTE STADTBEFESTIGUNG

Kontrastreicher Rundgang entlang der ersten Stadtmauer aus dem 13. Jh. Obwohl nur wenige Bauteile im Original erhalten sind, erlaubt er reizvolle Einblicke in die wechselhafte Geschichte der Residenz- und Handelsstadt. Sie passieren nicht nur drei bescheidene Türme der alten Befestigung, sondern auch einige Comic-Wände und versteckte Juwelen des Jugendstils. Auf dem Mont des Arts führt eine Sackgasse in die Vergangenheit und im Quartier Royal muss man in die Metro steigen, um der Historie näher zu kommen.

◀ Der 96 m hohe Turm des Hôtel de Ville (▶ S. 60) überragt Brüssel seit dem 15. Jh.

START	Kathedrale St-Michael et Ste-Gudule
LÄNGE	ca. 4 Kilometer
DAUER	ca. 2 Stunden

Klar doch, die Grand' Place ist das alte Zentrum der heutigen Großstadt, werden Sie nach einem kurzen Blick auf den Stadtplan sagen. Stimmt nicht, denn die historisch einwandfrei belegte Keimzelle von Bruocsella lag weiter westlich, es war eine kleine Festung auf einer Insel im Fluss Senne. Im 13. Jh. umschloss die erste Stadtmauer die wachsende Siedlung zwischen den Hügeln des Brabanter Plateaus und dem sumpfigen Tal. Vom Prunk auf der Grand' Place noch keine Spur!

Die Route entlang des historischen Mauerrings ist eine kleine Herausforderung für jeden Besucher, denn nur an wenigen Stellen stimmt der aktuelle Straßenverlauf mit dem alten Grundriss überein. Mit kleinen Schlenkern und ein wenig Geduld aber erlebt man nur wenige Hundert Meter entfernt von den Touristenmassen eine kontrastreiche Reise durch die Zeit. Im Grunde kann man den Rundgang überall im Zentrum beginnen, der einfachen Orientierung halber startet die Beschreibung direkt an der Freitreppe vor dem Portal der gotischen **Kathedrale St-Michel et Ste-Gudule**.

Die großen Kirchen im Blick

Wenn Sie hier über die Stadt blicken, erkennen Sie am westlichen Horizont die mächtige Basilique Sacré Cœur de Koekelberg und deutlich näher das grüne Dach der Oper La Monnaie sowie den schlichten Turm der Église Ste-Catherine. Diese Kirche steht nicht den christlichen Bauvorschriften entsprechend in Ost-West-Richtung, sondern schräg auf der Südost-Nordwest-Achse. Warum dies so ist, erfahren Sie etwas später auf Ihrem Weg durch das Mittelalter.

Nun gehen Sie die Treppe hinab und auf der Rue d'Assaut bis zum Campus der HUB (Hoogeschool Brussel) auf der Montagne-aux-Herbes-Potagères. Nach rechts erreichen Sie in wenigen Schritten die Euromunt, ein spektakuläres Jugendstilgebäude mit filigranem Gitterschmuck, farbigen Glasintarsien und allegorischen Basreliefs.

Mauerreste im Luxushotel

Jetzt folgt die ehemalige Wolvengracht, Rue du Fossé aux Loups, dem Verlauf der ersten Stadtbefestigung des aufstrebenden Brüssel. Unter der Herrschaft des in Leuwen residierenden Grafen Heinrich I. von Brabant wurde die Siedlung von einer ovalen, 10 m hohen und bis zu 2,5 m dicken Mauer aus Bruchsteinen umfasst. Sieben mächtige Stadttore, drei kleinere Durchgänge und rund 40 Wachtürme sicherten die adeligen Palais und die Herzogsburg auf dem Coudenberg über dem Tal der Senne, einige Kirchen und Kapellen sowie die Handelskontore und Werkstätten der Zünfte. Das einfache Landvolk durfte sich nur an Markttagen innerhalb der Mauern aufhalten; Landstreicher und Bettler, Soldaten, Kranke und durchreisende Fremde wurden streng kontrolliert und mussten in der Regel vor den Toren lagern. Nachts zogen Wächter die Brücken über den vorgelagerten Wassergräben, den Grachten, hoch und sperrten die Tore mit massiven Schlössern ab. Im Gegensatz zu Brügge, wo der Wall um die alte Stadt samt Toren und Türmen vollständig erhalten ist, braucht man in Brüssel ein wenig Fantasie und Forscherehrgeiz, um die wenigen original erhaltenen Reste aufzuspüren. Hinter der Art-déco-Fassade des Radisson-Hotels kann man zum Beispiel im Atrium dieses Luxushotels ein Stück Stadtmauer sehen. Es ist Teil der einstigen Porte du Warmoesbroek. Dieses Tor sicherte den Handelsweg nach Laeken im Norden, die feuchten Stuben im Durchgang waren Wachraum, Lager und Gefängnis zugleich. Leider sind von diesem Gebäude südlich der Rue du Fossé aux Loups nur noch wenige Grundmauern erhalten, die beim Bau der U-Bahnlinie entdeckt wurden.

Zeitzeugen vor Investoren

Während sich die gedachte Linie der Stadtbefestigung direkt zur Tour Noir, dem Schwarzen Turm, fortsetzt, machen Fußgänger den lohnenden Schlenker zum prachtvollen Portikus der Oper **La Monnaie** (Théâtre Royal de la Monnaie). Frisch renoviert ist auch das Einkaufszentrum **City 2** eine Stippvisite wert. Vom Parkdeck auf der Dachterrasse kann man das Zentrum aus der Vogelperspektive betrachten. Auf Höhe der Rue de l'Evêque kreuzen Sie den Boulevard Anspach, unter dem die Senne in einem Betonkorsett verläuft. Rechterhand liegt die kleine Chinatown mit Ramschläden und dubiosen Wettbüros, geradeaus erreichen Sie nach rund 150 m die gut erhaltene, mit Efeu bewachsene **Tour Noire**, deren

Name vom schwarzen Kegeldach herrührt. Als im 16. Jh. die Porte de Laeken abgerissen und der Stadthafen am Quai aux Briques angelegt wurde, nutzte man das Türmchen als Lager. Im 19. Jh. sollte es im Zuge der Stadterweiterung weichen, doch Brüssels traditionsbewusster Bürgermeister Charles Buls widersetzte sich den Spekulanten und rücksichtslosen Investoren. Sein Einsatz rettete mehrere alte Zeitzeugen, darunter auch das Türmchen hinter der Kirche Ste-Catherine. Inzwischen ist es als Baudenkmal so bedeutsam, dass die Architekten des Novotel ihr Hotelgebäude um den Turm herum errichten mussten.

Stilmix am Ufer der Senne

Die **Église Ste-Catherine**, die Sie schon zu Beginn der Runde anvisiert haben, ist ein eklektizistisches Werk des Architekten Joseph Poelaert. Von 1854–1874 wurde sie zwischen dem Fluss und den damaligen Hafenbecken in einem eigenwilligen Stilmix errichtet – noch dazu abweichend von den christlichen Bauvorschriften, nach denen die Apsis einer Kirche nach Osten Richtung Sonnenaufgang weisen muss. Sie ist somit in zweifacher Hinsicht eine Rarität im europäischen Kirchenbau.

Aperitif im Kreativviertel

Nun schlendern Sie über die Rue du Vieux-Marché aux Grains und die Rue St-Christophe durch das Kreativviertel mit seinen originellen Designstores, Vintageläden und Hinterhofateliers bis zum einstigen Standort des Tour du Driesmolenwicket in der Rue der Chartreux 42 und weiter zur **Place St-Géry**. Mit seinen besonderen Brasserien und coolen Bars, den knallbunten Klappstühlen und den günstigen Preisen drängt sich der Platz für eine entspannte Pause geradezu auf. Das Mappa Mundo lockt nicht nur mit einer großen Getränkekarte, sondern auch mit einer edlen Innenausstattung, im Le Zebra gibt es belgische Tapas und in den Halles St-Géry, einer schmucken Metall-Ziegel-Konstruktion, kann man sich mit älteren Herren im Schachspiel messen.

Die **ehemalige Fleischhalle** steht exakt auf der Senne-Insel des 11. Jh.! Man

muss sich nur mit einem Aperó oder einem Glas Vedett Blanche auf den lebhaften Platz setzen und schon hört man es wieder schlagen, das Herz von Brüssel, ein wenig arhythmisch, aber kräftig wie vor 1000 Jahren … Die Jugendstilhalle mit der gusseisernen Galerie wird heute als Treffpunkt des Quartiers, als Infozentrum für kleine Ausstellungen und Modemärkte genutzt. Zudem sind Schautafeln aufgestellt, die in alten Karten, Stadtansichten, Fotos und Modellen die bauliche Entwicklung des Zentrums nachvoll-

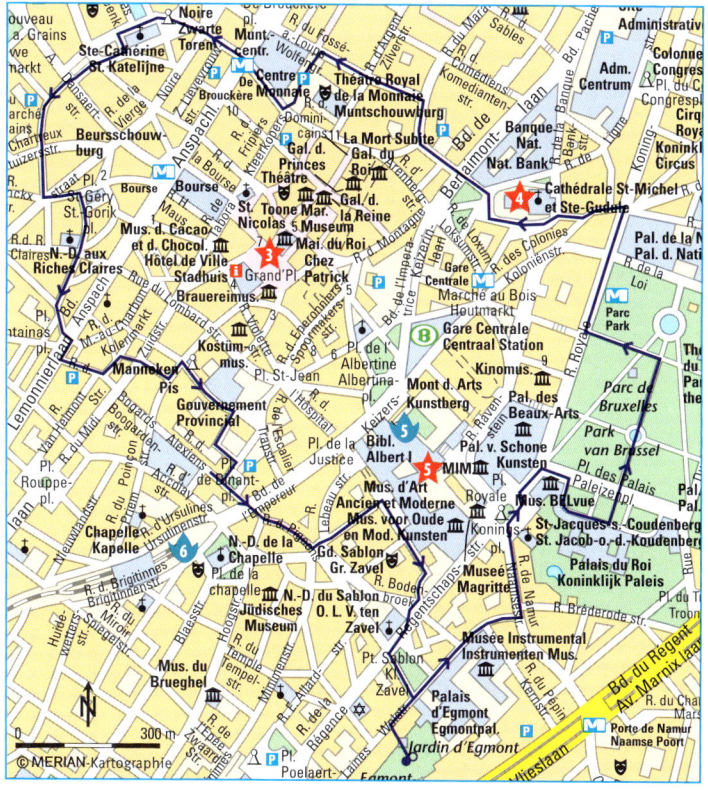

ziehen lassen und künftige Planungen erläutern. Besonders frappierend ist die Erkenntnis, dass Brüssel zwischen dem 14. und 19. Jh. kaum gewachsen ist, sondern sich nur der Wohnraum innerhalb des fünfeckigen zweiten Befestigungsringes verdichtet hat. Erst mit Beginn des 20. Jh. explodierte das Stadtkonglomerat, die umliegenden 18 Gemeinden wuchsen mit dem Kerngebiet zusammen.

Kirchen und Comics

Frisch gestärkt werfen Sie einen Blick auf einen Comic von Sleen, der eine witzige Heldentat von Nero darstellt, und folgen dann der Grand Île nach Süden. Sie passieren die – geometrisch korrekt ausgerichtete – barocke **Église des Riches-Claires** und stoßen an der Place Fontenais wieder auf den Boulevard Anspach und den Verlauf der Stadtmauer. Die Kirche **Notre-Dame du Bon Secours** wirkt von außen schlicht, aber im Inneren ist sie ein barockes Schmuckstück. Wenige Schritte weiter, an der Stelle, an der heute das Comic-Gemälde »Broussaille« von Frank Pé eine Häuserwand am Plattensteen schmückt, stand vor über 800 Jahren die Porte d'Overmolen.

Zwei versteckte Mauerreste

Weiter nach Osten folgen Sie nun der schmalen Straße Grands-Carmes und sehen kurz nach, welches seiner über 800 Kostüme **Manneken Pis** gerade trägt. In der Rue du Chêne kann man in einer großen, bläulich verglasten Hausfront die gelb gestrichene historische Fassade eines barocken Stadtpalais sehen, ein eindrucksvolles Beispiel für den Brüsseler »Fassadismus«. Bei Haus Nr. 7 zweigt die unscheinbare Rue du Villers nach rechts ab. Sie bringt Sie direkt zur halbrunden **Tour de Villers**, die in manchen Stadtplänen auch als Tour St-Jacques bezeichnet wird, und zu einem gut erhaltenen Stück Stadtmauer. Halb verdeckt von einem Schulgebäude und anderen modernen Fassaden wirkt das historische Bauwerk etwas verloren, doch mit etwas Mühe kann man noch heute den zweistöckigen Aufbau mit den Schießscharten und den mit Zinnen eingefassten Wehrgang erkennen, von dem aus Soldaten das Umland kontrollierten. Auch die Stützbogen des Mauerwerks sind an diesem geschützten Stück deutlich zu sehen.

Pause über dem Chapelle-Tunnel

Wenn jetzt langsam die Schuhe drücken vom Pflastertreten in der Brüsseler Stadtgeschichte, dann ist es nochmals Zeit für eine Pause: Schauen Sie ein wenig den verwegenen Skatern auf der Rampe des Square des Ursulines über dem Chapelle-Tunnel zu oder gönnen Sie sich eine Tüte Pommes frites an der beliebten Frituur Pitta auf dem nahen **Place de la Chapelle**, bevor sie den dritten erhaltenen Turm aus dem 13. Jh. besuchen.

Dort, wo heute der vierspurige Boulevard de l'Empereur die Innenstadt durchschneidet, stand im 13.–15. Jh. die Steenpoort. Einst führte durch dieses Tor die Rue Haute nach Süden. Nur die **Tour Anneessens**, ursprünglich Tour d'Angle genannt, hat die Wirren der Geschichte überstanden. Ihr Name erinnert an François Anneessens, einem bedeutenden Mitglied der Gilde »Confrérie des quatre couronnès«. Vehe-

Wenige Schritte entfernt von der Notre-Dame du Bon Secours hat sich der Zeichenkünstler Frank Pé an einer Häuserwand mit seinem Werk »Broussaille« verewigt.

ment wehrte er sich als Standesvertreter gegen neue hohe Steuern der Habsburger-Monarchen und wurde nach Niederschlagung des Aufstands 1719 auf der Grand' Place hingerichtet.

Mit Schirm, Charme und Mittelalter

An der Tour Anneessens machte die Mauer einen Knick nach Nordosten, ihr Verlauf ist inzwischen u.a. von klassizistischen Palais und mehrstöckigen Apartment- bzw. Büroblocks überbaut. Daher lohnt sich der kurze Umweg über die leicht ansteigende Rue de Ruysbroeck. An schönen Tagen stellen die Wirte ihre Tische auf die mittelalterliche Straße und Sonnenschirme verdecken den Blick auf schmale Backsteinfassaden und individuelle Treppengiebel. Auch der kleine Bronzebrunnen mit drei bäuerlichen Figuren

aus den Gemälden von Pieter Breughel dem Älteren geht im Gedränge unter. Eine schöne Ergänzung zur Tour entlang der alten Mauerreste wartet am oberen Ende der Straße auf kulturinteressierte Besucher. Die elegante spätromanische Kirche **Notre-Dame du Sablon** ist von innen und außen frisch renoviert. Fast weiß und unwirklich strahlend steht sie am Hang des Coudenbergs, ihr fein gemeißeltes Hauptportal ist geschmückt mit Statuen von Aposteln und Heiligen. Im rechten Seitenschiff kann man die als wundertätig verehrte Madonnenstatue betrachten, die 1348 in einer Nacht-und-Nebel-Aktion aus Antwerpen entführt und mit einem Boot nach Brüssel geschmuggelt wurde. Über Jahrhunderte war die Muttergottes des Sablon ein bedeutendes Pilgerziel und auch der traditionsreiche **Ommegang** im Juli erinnert an diese Geschichte.

Auch den weiteren Weg über den Coudenberg blockieren Prunkbauten aus dem 18. und 19. Jh., die von überschwänglicher Hofhaltung und jungem nationalem Größenwahn erzählen: Am Ende der Rue de la Régence thront der gewaltige **Palais de Justice** mit seiner verspielten Fassade über den Marolles, gegenüber der Sablon-Kirche machen sich königliche und republikanische Verwaltungsgebäude breit und linker Hand sieht man bereits die vornehmen Fassaden der Place Royale. Man sollte daher nochmals einen kleinen Umweg machen, über die idyllische Place Petit Sablon schlendern und durch das Tor an der Rue aux Laines in den versteckten **Parc d'Egmont** gehen. Wenn sich nicht gerade die Mitarbeiter von Botschaften, Ministerien und Consultingfirmen in ihrer Mittagspause dort breitmachen, ist der lauschige Park zwischen den klassizistischen Mauern ein grünes Idyll, das Sie nicht verpassen sollten.

Zurück auf der Rue aux Laines wendet man sich nach rechts und stößt an der Ecke Rue des Petits-Carmes und Rue de Namur erneut auf den Wall. Allerdings ist die alte Stadtmauer in diesem Quartier nur noch als Idee wahrnehmbar. Auf dem Plan macht ihr Verlauf am heutigen Königspalast einen irritierenden Halbkreis. Grund für den historischen Schlenker ist der einstige Standort der Brabanter Herzogsburg und später des Königspalasts der Burgunder auf dem **Coudenberg**, der nach mehreren Aus- und Umbauten 1731 bis auf die Kellergewölbe abbrannte.

Die Säulenfiguren in der Kathedrale St-Michel et Ste-Gudule (▶ MERIAN TopTen, S. 64) verkörpern die zwölf Apostel, im 17. Jh. erschaffen von Luc Fay d'Herbe und Jérôme Duquesnoy.

Grandiose Blicke vom Coudenberg

Der Rue de Namur nach links folgend kommt man bald zur **Place Royale** – und mitten ins Museumsviertel. Repräsentative Bauwerke, einmalige Kunstschätze, der Königspalast mit seinen ebenso beeindruckenden Nebengebäuden und immer wieder grandiose Ausblicke über die Stadt vereinigen sich hier zu einem besonders attraktiven Ziel. Hier am Rande des Brabanter Plateaus hatten schon die adeligen Herren des 13. Jh. einen guten Blick über ihre aufstrebende Siedlung. Allerdings blieb oberirdisch nur ein winziger Rest von den schmucken Höfen des Mittelalters erhalten. Umfangen vom Kulturzentrum **Bozar** erinnert das Hôtel de Clève-Ravenstein mit der versteckten Sackgasse Rue Terarken an das 15. Jh.; im Untergrund kann man die Mauerreste des Coudenbergpalastes besichtigen. In den historischen Gängen und Kellern ist zudem eine archäologische Ausstellung eingerichtet, die Fundstücke aus der Zeit der Brabanter Herzöge, der Könige von Burgund und der mächtigen Herrscher aus den konkurrierenden Habsburger-Linien zeigt. Der Zugang zum unterirdischen Museum befindet sich im Treppenhaus des BELvue-Gebäudes.

Wenige Schritte weiter hat im **Palais du Roi**, dessen Fassade seit 1905 im Stil des französischen Sonnenkönigs Louis XIV. gehalten ist, u. a. das belgische Königspaar Philippe und Mathilde eine Dienstwohnung. In den repräsentativen Räumen erfüllen die relativ jungen Monarchen ihre royalen Pflichten, sprich: sie schütteln Hände, geben Interviews und der König setzt seine Unterschrift unter Gesetzesvorlagen und andere Dokumente. Wenn die Familie im Hochsommer im Urlaub ist, dürfen Touristen einige Räume des Palastes bewundern. Der geometrisch angelegte **Parc de Bruxelles** mit seinem schmucken Pavillon und den bemoosten Statuen ist für jedermann zugänglich.

Besinnliche Kathedrale St-Michel

Wo die erste Stadtbefestigung in einem leichten Bogen der Topografie des Treurenbergs folgte, stehen seit über 100 Jahren die klassizistischen Palais der Rue Royale. Heute haben dort Botschaften und Consultingexperten ihre repräsentativen Büros. Messingschilder und protzige Dienstwagen schmücken den restlichen kurzen Weg zurück zur Ostseite der **Kathedrale St-Michel**, die im 11. Jh. nur eine bescheidene Kollegiatskirche war. Die Courtine du Treurenberg, ein letztes Stück Stadtmauer, ist an der Gartenseite der Häuser in der Rue du Bois Savage und im Gebäude des ungarischen Kulturzentrums erhalten, allerdings nicht zu besichtigen. Stattdessen fällt der Blick auf den schicken Comic-Musketier »Le Scorpion«, der überlebensgroß seinen Degen schwingt.

Am Portal der Kathedrale schließt sich der historische Kreis um das alte Handels- und Handwerkszentrum an den Ufern der Senne. Vielleicht ist Ihnen jetzt danach, Ihre Eindrücke ein wenig sacken zu lassen? Dann ist die prächtige gotische Kirche mit ihrer reichen Ausstattung und den spektakulär schönen Glasfenstern aus der Zeit von Karl V. der passende Ort für eine letzte, besinnliche Verschnaufpause, bevor man wieder eintaucht in den Lärm und Trubel der Gegenwart.

DAS UMLAND ERKUNDEN

Brügges verschachtelte Altstadt (▶ S. 134) erlebt man zu Wasser aus neuen Perspektiven.

AUSFLUG NACH ANTWERPEN – MODE, RUBENS UND CONTAINER

CHARAKTERISTIK: Kontrastreiche Eindrücke mit maritimem Flair **ANFAHRT:** Mit dem Auto über die A1, Parkplätze am Scheldekaai; stündlich IC-Züge ab Gare Centrale und Bruxelles-Nord, Fahrtzeit: ca. 30 min. **DAUER:** Tagesausflug **LÄNGE DES STADTSPAZIERGANGS:** 6 km **EINKEHRTIPP:** Brasserie Appelmans, Papenstraatje 1, Tel. 03 2 26 20 22; tgl. 11.30–16 und 17–23 Uhr, €€ **AUSKUNFT:** Touristeninformation, Grote Markt 13, Tel. 03 2 32 01 03, www.visitantwerpen.be

Die Handelsstadt am Ufer der Schelde war vom 11.–17. Jh. nicht nur wohlhabend, sondern auch ambitioniert: Gewaltige Kirchenbauten, prächtige Fassaden und die Werke von Peter Paul Rubens erinnern daran. Heute prägen der internationale Containerhafen sowie eine kreative Modeszene die Stadt mit ihren rund 500 000 Einwohnern.

MAS ▶ Onze-Lieve-Vrouwekathedral
Spannende Einblicke in Geschichte und Kunst ermöglicht das 60 m hohe MAS (Museum aan de Strom) mit dem Diamant-Pavillon. Von dort geht man zum Grote Markt mit den prächtigen Zunfthäusern. Das Stadhuis, ein Musterbeispiel für die flämische Renaissance, wurde 1561–1565 von Cornelis Floris erbaut. Der Monumentalbrunnen auf dem Platz stellt Silvius Brabo dar, der die Hand des besiegten Riesen Druon Antigon in die Schelde wirft.
Die Onze-Lieve-Vrouwekathedral ist die größte gotische Kirche in Belgien. Mit ihrem Bau wurde 1362 begonnen und ihr 122 m hoher Turm kennzeichnet den Übergang von Gotik zu Renaissance. Im siebenschiffigen Kirchenraum hängen drei Werke von Rubens.

Rubenshuis ▶ MOMU
Im Rubenshuis, einem Palais von 1617, sind neben den Wohn- und Arbeitsräumen des Malers zahlreiche seiner kleineren Werke und Skizzen zu bewundern, eine Druckerei aus dem 16. Jh. ist im Museum Plantin Moretus am Vrijdagmarkt zu sehen. Der Buchdrucker Christof Plantin ließ sich 1576 in diesem Haus nieder. Dort sind mehrere Druckmaschinen ausgestellt, teils von Plantin selbst entworfen. Edle Stoffe aus vier Jahrhunderten sowie die schillernden Entwürfe junger Designer kann man im Modemuseum MOMU bewundern.
Stärkung beim Stadtbummel bietet die Brasserie Appelmans mit urigem Ambiente und herzhaften Mahlzeiten.

INFORMATIONEN

MAS – Museum aan de Strom
1, Hanzestedenplaats | Di–So 9.30–24 Uhr | Eintritt 5 €

Modemuseum MOMU
28, Nationalestraat | Di–So 10–18 Uhr | Eintritt 7 €

Museum Plantin Moretus
22, Vrijdagmarkt | Di–So 10–17 Uhr | Eintritt 8 €

Onze-Lieve-Vrouwekathedral
21, Groenplaats | Mo–Fr 10–17, Sa 10–15, So 13–16 Uhr

Rubenshaus
9–11, Wapper | Di–So 10–17 Uhr | Eintritt 8 €

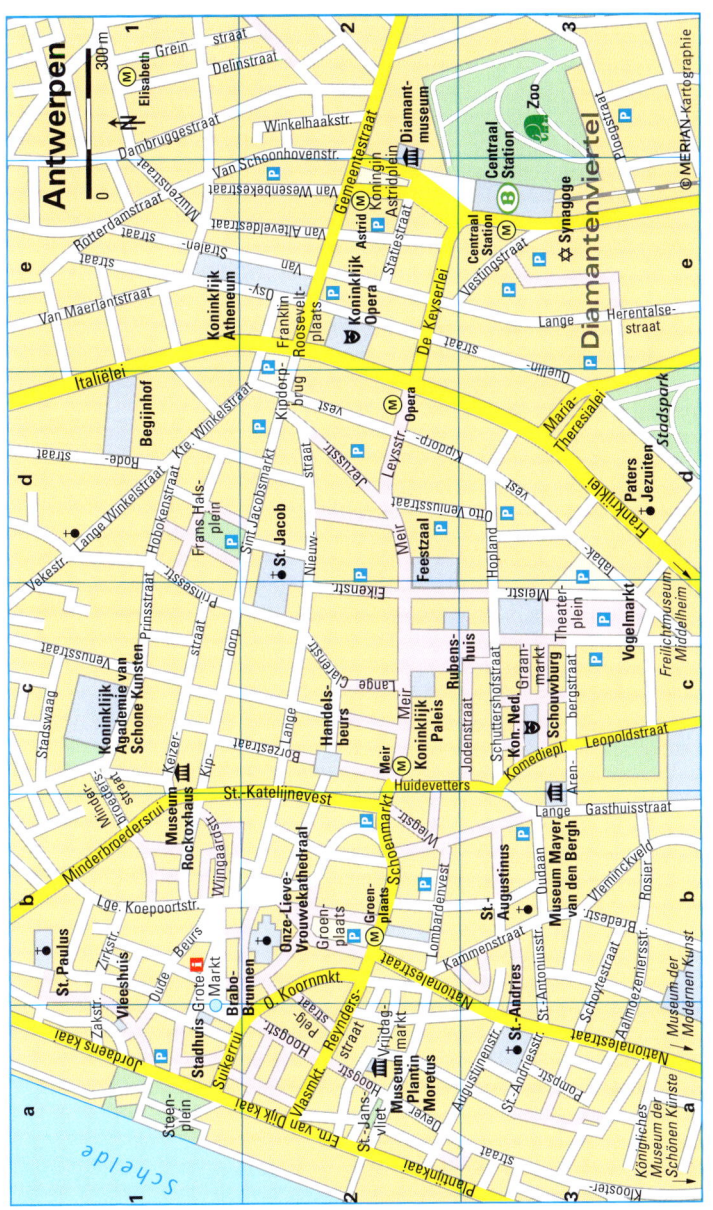

ABSTECHER NACH BRÜGGE – ZEITREISE INS MITTELALTER

CHARAKTERISTIK: Beeindruckende historische Straßenzüge und großartige Kunstwerke **ANFAHRT:** Mit dem Auto 99 km von Brüssel über die A 10 (E5); stündl. Züge ab Gare-Centrale **FAHRTZEIT:** 1 Stunde **TAGESAUSFLUG MIT STADTSPAZIERGANG:** ca. 5 km **EINKEHRTIPPS:** Visscherie, Vismarkt 8, Tel. 0 50 33 02 12, Di geschl., €€ | De Karmeliet, Langestraat 19, Tel. 0 50 33 82 59, So, Mo geschl., €€€€ **AUSKUNFT:** Toerisme Brugge, t' Zand 34, Tel. 0 50 44 46 46, www.brugge.be

Brügge mit seinen rund 125 000 Einwohnern zählt als eine der romantischsten Städte Europas zum UNESCO-Weltkulturerbe und ist im Sommer entsprechend gut besucht. Boudewijn I., der erste Graf von Flandern, ließ im Jahr 862 an der Küste eine Festung gegen Piraten bauen, die sich schnell zum eleganten, wohlhabenden Handelszentrum zwischen Frankreich, England, Italien und der Hanse entwickelte. Doch im 16. Jh. versandete der Zugang zum Meer, die stolzen Brügger verloren ihre Handelsmacht an den Konkurrenten Antwerpen. Aus heutiger Sicht zum Glück, denn ganze Stadtviertel blieben im Stil des Mittelalters erhalten.

Begijnhof ▶ Belfried

Am Rande des malerischen Minnewater liegt seit 1245 der Begijnhof. Die Beginen waren anfänglich ein loser Zusammenschluss wohlhabender, frommer Frauen, der sich erst später organisierte. Ein Teil der stillen Anlage ist als Museum zugänglich.

Das Zentrum von Brügge dominiert seit Jahrhunderten der Belfried auf dem Markt. Ursprünglich diente der Turm als Sitz der Brandwache. Mitte des 13. Jh. ersetzte man den Holzturm durch einen 83 m hohen Ziegelbau samt Läutwerk. Hat man die 366 Stufen

bis zur Spitze erklommen, bietet sich ein wundervoller Blick über die Stadt.

Stadhuis ▶ Groeninge-Museum

Das Stadhuis (Rathaus) am Burgplatz ist mit seinen filigranen Fassaden und dem sehenswerten Schöffensaal aus dem 14. Jh. eines der ältesten gotischen Stadthäuser Belgiens. Nebenan steht die Heilig-Bloed-Kapelle, die aus einer romanischen Unterkirche und einer spätgotischen Oberkirche besteht. In der Oberkirche wird eine Ampulle mit dem Blut Christi aufbewahrt. Diederich von Elsass soll sie für seine mutigen Taten während der zweiten Kreuzzüge 1128–1168 erhalten haben. Jährlich am Himmelfahrtstag wird sie in einer Prozession durch die Stadt getragen. Der zweite beeindruckende Sakralbau ist die elegante Onze-Lieve-Vrouwekerk (Liebfrauenkirche) in Brabanter Gotik aus dem 13. Jh., deren Innenraum bis 2015 renoviert wird. Dort sind die Gräber von Karl dem Kühnen und seiner Gattin Maria von Burgund sowie Michelangelos Marmorstatue »Madonna mit Kind« zu bewundern. Für Kunstfreunde lohnt sich ein Besuch im Groeninge-Museum, Feinschmecker haben De Karmeliet zum Ziel. Für ausgezeichnete Fisch- und Muschelgerichte ist die Visscherie bekannt.

INFORMATIONEN

Belfried

7, Markt | Turm: April–Sept. Mo, Di, Do, Fr 9.30–17 Uhr | Glockenspiel zur vollen Std.

Heilig-Bloed-Kapelle

Burg | April–Sept. 9.30–12, 14–18, Okt.–März 10–12, 14–16 Uhr

Onze-Lieve-Vrouwekerk

Mariastraat | 9–12.30, 13.30–17, So 14–17 Uhr

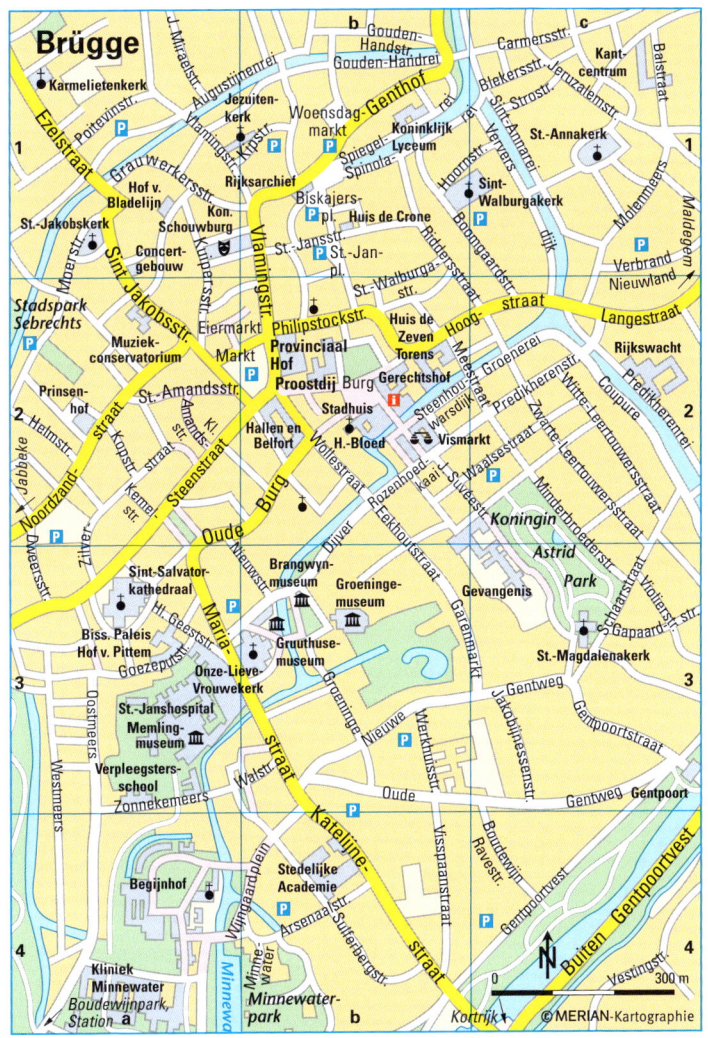

Die Grand'Place (▶ MERIAN TopTen, S. 60) wird alle zwei Jahre zu einem Blütenteppich.

BRÜSSEL
ERFASSEN

AUF EINEN BLICK

Hier erfahren Sie alles, was Sie über den Hauptsitz der Europäischen Union wissen müssen – kompakte Informationen über Land und Leute, von Bevölkerung und Sprache über Geografie und Politik bis Religion und Wirtschaft.

BEVÖLKERUNG

Es ist nicht einfach, aktuelle und stichhaltige Zahlen über die Bevölkerungsstruktur der Region Brüssel-Hauptstadt zu erhalten, was vor allem daran liegt, dass die Verwaltungen ihre Daten sehr uneinheitlich erheben. Ein weiterer Grund mag sein, dass man im Sinne eines harmonischen, multikulturellen Miteinanders den nationalistisch ausgerichteten politischen Gruppierungen im Land wenig Stoff für fremdenfeindliche Kampagnen wie auch flämisch-wallonische Streitigkeiten liefern will.

Dabei sind die demografischen Daten in den einzelnen Gemeinden der Region Brüssel-Hauptstadt sehr unterschiedlich: Der hohe Ausländeranteil erklärt sich in einigen noblen Vierteln wie Etterbeek oder Ixelles vor allem mit den vielen Mitarbeitern der Europäischen Union, der NATO und anderer internationaler Organisationen, die international angeworben werden und dort wohnen, während etwa in der Gemeinde St-Joost oder auch Schaerbeek überwiegend Migranten aus Nordafrika leben.

◀ Seit 9. Dezember 1955 verkörpern die zwölf Sterne auf blauem Grund offiziell Europa.

LAGE UND GEOGRAFIE

Brüssel liegt relativ zentral im Königreich Belgien auf einer Höhe von 15–130 m über dem Meeresspiegel. Durch das Stadtgebiet fließt unterirdisch der Fluss Senne.

RELIGION

Die offiziellen Daten zur Religionszugehörigkeit der Einwohner Brüssels sind fragwürdig, da sich ein Großteil der belgischen Katholiken in Umfragen als Atheisten oder Agnostiker bezeichnet, während der Islam allein durch die hohe Geburtenrate der nordafrikanischen und arabischen Familien an Bedeutung gewinnt. Ähnlich wie in London, Berlin und Paris stellt die Integration der Muslime eine Herausforderung für Politik, Verwaltung und das Sozialsystem der Stadt dar.

SPRACHE

Die Zweisprachigkeit der Stadt zeigt sich überall: auf Straßenschildern und in Werbebroschüren, auf Speisekarten und in offiziellen Dokumenten. Im Großraum Brüssel wird überwiegend Französisch gesprochen, zumal auch Migranten aus Nordafrika, die Bürger aus der ehemaligen Kolonie Belgisch-Kongo (der heutigen Demokratischen Republik Kongo) sowie viele Flüchtlinge bzw. Asylsuchende aus zentralafrikanischen Ländern diese Sprache bevorzugen. Etwa 20 % der Menschen in Brüssel geben bei Studien an, weder Französisch noch Flämisch/Niederländisch als Muttersprache gelernt zu ha-

ben. Der alte Dialekt, das Brussels, wird heute kaum mehr gesprochen.

VERWALTUNG

19 selbstständige Gemeinden bilden gemeinsam die Region Bruxelles-Capitale (Brüssel-Hauptstadt) mit rund 1,1 Mio. Bewohnern auf 162 qkm. Dabei beschränkt sich das Gebiet der Stadt Brüssel auf nur 32 qkm, es umfasst grob das »Pentagone«, das historische Zentrum bis zum Ring der Boulevards. Die administrative Zersplitterung ist ein Relikt des 19. Jh., als durch Industrialisierung und wirtschaftlichen Aufschwung die umliegenden Gemeinden mit der damals jungen Hauptstadt des Königreichs Belgien verschmolzen. Eine Verwaltungsreform gab es nie, sodass die kommunale Unabhängigkeit zu massiven Koordinierungsproblemen bei der Stadtentwicklung führte. Inzwischen arbeiten die Gremien zusammen, um ein Verkehrskonzept umzusetzen, die Umweltprobleme zu lösen und die Entstehung von Migrantengettos zu verhindern. Förderprogramme für arbeitslose Jugendliche aus Problemfamilien zeigen erste Erfolge, die Straßenkriminalität geht zurück.

AMTSSPRACHEN: Französisch, Niederländisch (Flämisch)
BEVÖLKERUNG: 46 % Flamen und Wallonen, 54 % Ausländer, vor allem aus Frankreich, Marokko, der Türkei, Polen und dem Kongo
EINWOHNER: 1,1 Mio.
FLÄCHE: 162 qkm
INTERNET: www.bruxelles.be
RELIGION: 49 % Katholiken, 27 % Muslime, 16 % Konfessionslose
WÄHRUNG: Euro

GESCHICHTE

Vom Handelsplatz der Brabanter Zünfte am sumpfigen Ufer der Senne über die prächtige Schaffensperiode des Jugendstils bis zur Hauptstadt Europas mit rund 1 Mio. Menschen aus 167 Ländern durchlebte Brüssel einige glanzvolle Epochen.

966 Siedlung Bruocsella

Am sumpfigen Ufer der Senne unterhalb einer Hügelkette siedeln Menschen seit der Jungsteinzeit, auch Reste römischer Villen haben Archäologen dort gefunden. Im Jahr 966 wird erstmals in einer Chronik Karls des Großen die Siedlung Bruocsella erwähnt, die sich als mittelalterlicher Handelsplatz im Herzogtum Brabant etabliert. Aus dem Nedermerct zwischen Fluss und Senne-Osthang entwickelt sich bald der Grote Markt. Den entscheidenden Beitrag leisten in jener Zeit die Grafen von Leuwen, die etwas oberhalb des Marktplatzes am Rand des Brabanter Plateaus eine Kapelle zu Ehren der Stadtheiligen Gudule stiften und an der Senne eine kleine Burg samt Hafenanlagen bauen lassen. Anfang des 13. Jh. wird die erste, 4 km lange Befestigungsmauer mit 50 Türmen und sieben Toren errichtet, seit 1261 ist Brüssel die Residenzstadt von Herzogin Adelheid von Burgund; die adeligen Herren dieser Familie halten sich an der Senne auf. Den Wettstreit mit den Handelsherren aus Leuwen um das prächtigste Rathaus von Brabant gewinnt man 1402 mit dem größten gotischen Stadthaus der damaligen Zeit. Es zeugt noch heute vom Reichtum der Stadt, vom Selbstbewusstsein ihrer Handwerkszünfte, die sich die Macht mit sieben Patrizierfamilien, den Herren des Handels, teilen.

Epoche der Burgunder und Hochzeit für Kunst und Kultur dauert bis 1482 an.

966

Erste Erwähnung von Bruocsella, einer Siedlung in den Sümpfen.

979

Offizielle Gründung der Stadt.

1406

Vier Jahre später beginnt mit Intrigen und Kämpfen die prägende Epoche der Burgunder: Unter der Regierung von Philipp dem Guten wird Brüssel zum prunkvollen Zentrum der Vereinigten Niederlande, Kunst und Handwerk erleben eine Blütezeit. Aus der Gudule-Kapelle wird eine mächtige gotische Kathedrale, in der Liebfrauenkirche des Sablon verehrt halb Europa eine wundertätige Madonnenstatue. Die Stadt schwelgt im Luxus und zählt 40 000 Einwohner, Brüssel ist somit eine der größten Siedlungen Europas.

1500 Zeit der Habsburger

Der dynastische Machtpoker zwischen den mächtigen Häusern Habsburg und Burgund bringt im Jahr 1500 Kaiser Karl V. hervor. Der Weltveränderer, in dessen Reich die Sonne nicht untergeht, residiert bis zu seinem Tod 1531 auch im Coudenbergpalast. Wenn der Kaiser auf Reisen ist, sorgen dessen Tante Margarethe von Österreich und später seine Schwester Maria von Ungarn für höfischen Glanz. Karls Sohn Philipp II. und dessen Nachfolger re-

gieren die nun Spanischen Niederlande vom fernen Madrid aus. Religionsstreitigkeiten und Machtkämpfe prägen diese Zeit. Als die damals überwiegend calvinistischen Brüsseler den Aufstand wagen, wird dieser niedergeschlagen, die katholische Inquisition kennt keine Gnade: Die Grafen Egmont und Hoorn sind zwei prominente Anführer des niederländischen Widerstands gegen die spanische Herrschaft, sie werden 1568 auf der Grand'Place enthauptet. Nach blutigen Kämpfen ergibt sich die Stadt schließlich am 10. März 1585 den Habsburgern. Auf den Zusammenbruch folgt der wirtschaftliche Aufschwung, der Handel profitiert vor allem vom Willebroek-Kanal, der seit 1568 Brüssel mit der Hafenstadt Antwerpen verbindet. Doch Brüssel findet nicht zum Glanz des 15. Jh. zurück, über knapp 100 Jahre zieht sich der Niedergang der spanischen Könige hin. Als in Europa die Spanischen Erbfolgekriege toben, marschieren die Franzosen gegen die Niederlande auf. Die Truppen Ludwigs XIV. beschießen unter dem Kommando von Marschall Vil-

Erasmus von Rotterdam lässt sich im dörflichen Anderlecht nieder.

Herrschaft der österreichischen Habsburger.

1716

1521

1695

Bombardements der Truppen Ludwigs XIV. zerstören die prächtige Grand'Place und viele Teile der Stadt.

1815

Napoleon und seine Armee werden bei Waterloo vernichtend geschlagen.

leroy die Stadt. Am 13. und 14. August 1695 brennen über 4000 Gebäude nieder, darunter die prächtigen Zunfthäuser sowie das Rathaus an der Grand' Place. Doch in einer unglaublichen Kraftanstrengung schaffen es die Brüsseler Adeligen und Handwerksgilden in nur vier Jahren, die zerstörten Gebäude wieder aufzubauen.

Im Jahr 1716 schließlich lösen die österreichischen Habsburger ihre spanischen Verwandten als Regenten ab; Aufstände der Handwerker und andere politische Unruhen werden immer wieder gewaltsam niedergeschlagen. Erst Mitte des 18. Jh. beginnen unter Alexander von Lothringen bedeutende Baumaßnahmen, u. a. entstehen barocke Kirchen und die Fassaden der Zunfthäuser in der Ilôt Sacré erhalten goldene Girlanden und aufwendigen Giebelschmuck. Mit den Gedanken der Aufklärung entsteht im Brüsseler Bürgertum der Wunsch nach politischer Autonomie, die Brabanter Revolution von 1789 scheitert jedoch an unüberbrückbaren Streitigkeiten zwischen Progressisten und Traditionalisten.

1830 Königreich Belgien

Die vernichtende Niederlage von General Napoleon bei Waterloo, rund 20 km südlich von Brüssel, verändert die politische Landkarte Europas grundlegend. Brüssel wird neben Den Haag die Hauptstadt im neuen Königreich der Niederlande unter Friedrich Wilhelm von Oranien. Die katholischen Flamen und Wallonen wollen jedoch nicht schon wieder einen fremden Herrscher akzeptieren und widersetzen sich dem protestantischen Regime. 1830 schließlich enden die Revolution der Belgier und ihr Kampf um Unabhängigkeit in einem eigenen kleinen Königreich. Der deutsche Prinz Leopold von Sachsen-Coburg wird in Brüssel zum »König der Belgier« gekrönt.

Mit patriotischem Elan wird in den darauf folgenden Jahrzehnten die Stadt »entwickelt«: Das klassizistische Quartier Royal entsteht, die Oper La Monnaie bekommt eine neue Fassade. 1834 gründet man die Freie Universität, 1835 verbindet die erste Eisenbahnlinie Europas Brüssel mit Mechelen, seit 1846 können die feinen Herrschaften in der

1830/31

1835

1871

Grundlegende Stadterweiterung außerhalb des Boulevardringes, Bau von Arbeitersiedlungen.

Gründung des Königreiches Belgien. Leopold von Sachsen-Coburg wird erster König der Belgier.

Erste Eisenbahnlinie Europas verbindet Brüssel mit Mechelen.

mit Glas überdachten Ladengalerie St-Hubert Luxusartikel kaufen. Im Süden und Westen des Zentrums entstehen neue Wohnquartiere für die wachsende Zahl der Arbeiter in Textil- und Metallmanufakturen, Brauereien und Werften. Vor allem aus der Wallonie und aus Frankreich drängen Handwerker in die Dörfer der Umgebung. Die ersten Arme-Leute-Siedlungen werden in den Marolles und in Anderlecht gebaut.

Die Stadt wächst schnell im 19. Jh. und braucht eine neue Struktur, die ab 1871 mit dem Bau des Boulevardringes um das Zentrum und der sternförmig verlaufenden Prachtstraßen in die neuen Quartiere definiert wird. Die wohlhabenden Bürger investieren ihr Geld in Immobilien und lassen sich in Ixelles, Etterbeek und St-Gilles von äußerst produktiven Jugendstilarchitekten wie Ernest Blerot, Paul Cauchie und Victor Horta exzentrisch schöne Häuser errichten. Zudem zeugen bombastische Bauten wie der Justizpalast, die Börse oder auch der Palais Royal von nationalem Selbstbewusstsein und wirtschaftlichem Erfolg.

Vor allem für seine pompösen, repräsentativen Baupläne am Mont des Arts und für die Weltausstellung 1897 lässt König Leopold II. seine Privatkolonie Kongo brutal ausbeuten. Mit dem Gewinn aus Kautschuk- und Elfenbeinhandel kann er u. a. das Kolonienpalais Tervuren und den Parc de Cinquantenaire bezahlen.

Im Ersten Weltkrieg marschieren deutsche Truppen in Belgien ein, die Regierung flieht nach Frankreich. Den Zweiten Weltkrieg übersteht Brüssel – im Gegensatz zur Hafenstadt Antwerpen – weitgehend unbeschadet. Am 17. Mai 1940 wird die Stadt kampflos besetzt, am 3. September 1944 ebenso kampflos von den Alliierten befreit; der Krieg trifft überwiegend die Menschen an der Nordseeküste und in den Ardennen sowie die belgischen Juden. Während der Besatzungszeit werden 25 000 Menschen systematisch ermordet.

1951 löst der erst 21-jährige Baudouin seinen politisch umstrittenen Vater Leopold III. auf dem Thron ab. Zehn Jahre später heiratet der junge König die Spanierin Fabiola Mora y Aragón.

Weltausstellung im Jubelpark.

König Baudouin übernimmt von seinem Vater Leopold III. den Thron.

1951

1897

1940

Einmarsch der deutschen Wehrmacht, die Regierung und der König fliehen. 25 000 Juden werden ermordet.

1957/58

Bau des Atomiums zur Weltausstellung.

1958 Weltausstellung

Das Atomium im Heysel-Park, Wahrzeichen der Stadt, entsteht 1958 als spektakulärstes Bauwerk der Weltausstellung. Rund 42 Mio. Besucher bestaunen das glänzende, überdimensionale Eisenmolekül. Einschneidende Veränderungen im Stadtbild bringen die 1960er-Jahre, als die Eisenbahnschienen zwischen Gare du Midi und Gare du Nord sowie das U-Bahn-Netz in den sumpfigen Untergrund betoniert wurden. Nur wenige historische Grundmauern halten den Baumaßnahmen stand. Spekulanten bieten hohe Summen für die Grundstücke im Zentrum und aus den historischen Gassen wachsen klotzige Hochhäuser. Der Bau des vierspurigen Boulevard du Roi schließlich trennt den Mont des Arts von der Ilôt Sacré, das Zentrum ist seither gespalten. Auch die Sprachengrenze ist seit 1962 per Artikel 107 der Verfassung fixiert: Brüssel ist eine überwiegend französischsprachige Insel im Flämisch sprechenden Flandern; 72 von 89 Mitgliedern des Stadtparlaments müssen französischsprachig sein.

Schon 1958 wird Brüssel der Sitz der EWG (Europäische Wirtschaftsgemeinschaft), der Vorläuferorganisation der EU. Im Jahr 1967 folgte dann der Umzug des NATO-Hauptquartiers von Paris nach Brüssel; seit dem Gipfel von Edinburgh im Jahr 1992 ist die belgische Metropole auch offiziell die Hauptstadt Europas.

Von 1979–1993 schafft die Regionalisierung Belgiens administrative Fakten: Das Land ist seither aufgeteilt in die drei Regionen Flandern, Wallonien und Bruxelles-Capitale, die jeweils von eigenen Parlamenten regiert werden. Darüber hinaus verfügen – nicht deckungsgleich! – die wallonische, flämische und deutsche Gemeinschaft über eine eigene Exekutive. Damit nicht genug, denn zudem ist das Land in zehn Provinzen aufgeteilt, die ebenfalls große Verwaltungsapparate benötigen, um das Leben von insgesamt 11 Mio. Belgiern zu organisieren.

Die 1990er-Jahre sind geprägt von Umweltskandalen, gewaltigen Baumaßnahmen im Europäischen Viertel westlich der Place Luxembourg, vom sich

Brüssel ist Hauptstadt Europas.

1958

1961

1992

Brüssel wird Verwaltungssitz der EWG, 1967 folgt die NATO.

Königliche Hochzeit von Baudouin und Fabiola Mora y Aragón.

verschärfenden Sprachenstreit samt separatistischen Bewegungen in Flandern. 1994 fährt der erste Schnellzug Eurostar von Bruxelles-Midi durch den Ärmelkanaltunnel zur Waterloo-Station in London. In den unruhigen politischen Phasen ist das Königshaus die bedeutendste nationale Institution. Als am 31. Juli 1993 König Baudouin stirbt, folgt ihm sein Bruder Albert II., Prinz von Liège, mit Gattin Donna Paola Ruffo di Calabria auf den Thron. Im Winter 1999 feiert das ganze Land die Hochzeit von Thronfolger Prinz Philippe und Mathilde d'Udekem d'Acoz.

2000 Kulturhauptstadt Europas

Das Millenium beginnt mit kulturellen Höhepunkten: Neue Museen, renovierte Straßenzüge, attraktive Events und kreative Nischen zeigen die vielen Facetten Brüssels als Kulturhauptstadt Europas. Mit der EU-Osterweiterung von 2004, den Verhandlungen zur EU-Verfassung, mit zahllosen internationalen Konferenzen und Events gewinnt die Stadt immer mehr an Bedeutung für das vereinte Europa. Entlang der Avenue du Loi entstehen ständig neue Verwaltungspaläste. Gleichzeitig entwickelt sich eine junge und urbane Elite, die mit Kreativität, Nonchalance und originellen Protestaktionen dafür sorgt, dass Wohnraum in der Stadt bezahlbar bleibt, dass Umweltprobleme ebenso wie die soziale Schieflage vieler Tausend Zuwanderer erkannt und gelöst werden.

Das jahrelange Ringen wechselnder Regierungskoalitionen um einen nationalen Konsens und dringend benötigte politische Reformen beschert Belgien um 2011 einen traurigen Rekord: Das Land kam 541 Tage lang ohne eine Regierung aus. Weltrekord!

2013 König Philippe

Inzwischen leitet der Sozialist Elio di Rupo die Geschicke des Landes, für den politischen Konsens in Brüssel ist ebenfalls ein Sozialist zuständig, Bürgermeister Freddy Thielemans. Auch im Palast hat ein neuer, relativ unkomplizierter Monarch die Arbeit aufgenommen: Seit dem 21. Juni 2013 ist Philippe der siebte König der Belgier.

Eine Verfassungsänderung macht Belgien zum föderalen Staat mit drei Regionen, drei Gemeinschaften und zehn Provinzen.

2011/12 Koalitionsgespräche scheitern, Belgien hat über 18 Monate keine Regierung.

1993

2004 Osterweiterung der EU.

2013 König Philippe folgt seinem Vater Albert II. auf den Thron.

KULINARISCHES LEXIKON

A

abats – Innereien

addition – Rechnung

agneau – Lamm

aïl (à l'aïl) – Knoblauch (mit Knoblauch)

amuse-gueule – kleine Vorspeise

anchois – Sardelle (Anchovis)

angouille – Aal

asperge – Spargel

assiette ardennaise – Ardenner Schinkenteller

B

barbeau (barbillon) – Barbe

bargue – Meerbutt

beurre – Butter

– d'aïl – Knoblauchbutter

bière blonde (noire) – helles (dunkles) Bier

bisque de homard – Hummersuppe

blettes, bettes – Mangold

bœuf – Ochse oder Rind

bœuf braisé à la mode – geschmortes Rindfleisch

boisson – Getränk

brasserie – Brauhaus; auch Café mit Mittags- und Abendtisch

brochet – Hecht

brochette mixed grill – Bratspieß

C

caille – Wachtel

canard – Ente

canard aux myrtilles – Ente mit Heidelbeeren

carré d'agneau – Lammrückensteak

carrelet – Scholle

charcuterie – Wurstaufschnitt

chateaubriand – doppeltes Lendenstück

chicorées de Bruxelles – Endivien

chou – Kohl

colin – Seehecht

coq – Hahn

coquilles, coquillages – Muscheln

coquilles St-Jacques – Jakobsmuscheln

crevettes – Garnelen

crudités – Rohkostsalate

crustacés – Krustentiere

D

danseuses de prairie – Froschschenkel

daurade, dorade – Goldbrasse

dinde/dindon – Pute/Puter

E

eau – Wasser

– gazeuse – Selterswasser

– naturelle – stilles Mineralwasser

écrevisses – Krebse

entrecôte – Zwischenrippenstück

escalope – Schnitzel

escargots de Bourgogne – Burgunderschnecken

F

faux-filet – Lendenstück vom Rind

flétan – Heilbutt

foie d'oie frais – frische Gänseleber

fromage – Käse

fumé – geräuchert

G

gâteau – Kuchen

gaufres de Bruxelles – Brüsseler Waffeln

gibier – Wild

gigot – Keule

graisse d'oie – Gänseschmalz
grillades – Gegrilltes

H

haricots verts – grüne Bohnen
hochepot – flämischer Suppentopf
homard – Hummer
hors-d'œuvre – Vorspeise
huîtres – Austern

J

jambon d'Ardenne/de sanglier – Ardennen-/Wildschweinschinken

L

lait – Milch
lapin sauvage – Wildkaninchen
légumes – Gemüse
lotte de mer – Seeteufel
loup de mer – Wolfsbarsch

M

macaron – Makrone
mâche – Feldsalat
miel – Honig
morue – Kabeljau
moules – Muscheln
moutard – Senf (Mostrich)

N

noisette – Haselnuss
noix – Walnuss
nouilles – Nudeln

O

œuf – Ei
oie – Gans
oignons – Zwiebeln

P

pain – Brot
pâté du patron – hausgemachte Pastete
perdrix commune – Rebhuhn

pigeon – Taube
plat – Gericht, Platte
– du jour – Tagesgericht
poire – Birne (auch Birnenschnaps)
poireau – Lauch, Porree
poirée – Mangold
poisson – Fisch
poisson de rivière – Flussfisch
pomme – Apfel
potage – Suppe
poularde – Masthuhn
    (poule – Henne)
poulet – Brathähnchen
à la pression – Bier vom Fass

R

radis – Rettich
ris de veau – Kalbsbries
rosbif – Roastbeef, Rostbraten
rôti – Braten, gebraten

S

sandre – Zander
saucisson – Schnitt- oder Brühwurst
saumon – Lachs
sauté – geschmort
sole – Seezunge

T

tarte – Obstkuchen
thon – Thunfisch
tranche – Schnitte, Scheibe
truffes – Trüffeln
truite – Forelle

V

veau – Kalb, Fleisch vom Kalb
viande(s) – Fleisch
volaille – Geflügel

W

waterzooi de volaille – Hühnersuppe
    mit Gemüse

SERVICE

Anreise und Ankunft

MIT DEM AUTO

Das Autobahnnetz in Belgien ist sehr gut ausgebaut und nachts hell beleuchtet. Knotenpunkte für die Anreise aus dem deutschsprachigen Raum sind Köln oder Düsseldorf.

Die Höchstgeschwindigkeit auf den Autobahnen und ähnlich ausgebauten Straßen beträgt 120 km/h, obwohl die Einheimischen meist sehr viel schneller fahren. Die Geldbußen sind aber sehr hoch. Das Tempolimit in Ortschaften beträgt 50 km/h und auf allen anderen Straßen 90 km/h.

Pannenhilfe ist für die Mitglieder eines Automobilklubs kostenlos (SOS-Pannenhilfe: Touring Secours, Tel. 0 70 34 47 77). Um Brüssel herum führt ein Autobahnring, die Zufahrten zu den Stadtvierteln sind in aller Regel gut ausgeschildert. Parkplätze sind rar und teuer.

MIT DEM ZUG

Da man in der Stadt kein Auto braucht, ist die Anreise mit der Bahn zu empfehlen. Mit den Hochgeschwindigkeitszügen Thalys (Köln–Aachen–Brüssel–Paris), TGV (ab Paris), Eurostar (Paris–Brüssel–London bzw. –Amsterdam) und dem ICE über Köln ist Brüssel im Stundentakt an das europäische Schienennetz angebunden. Die meisten Züge enden an der Gare du Midi. Die Fahrzeiten betragen von Frankfurt/Main ca. 4 Std., von Wien ca. 14 Std. (umsteigen in Frankfurt/Main oder Köln), von Zürich gut 7 Std. (umsteigen in Basel bzw. Paris).

MIT DEM FLUGZEUG

Der internationale Flughafen Brüssel-Zaventem liegt etwa 14 km nordöstlich der Innenstadt, er wird von allen größeren Flughäfen im deutschsprachigen Raum angeflogen.

Schnellzüge fahren in kurzem Takt zu den drei Bahnhöfen Noord, Midi und Centrale. Der Fahrpreis beträgt 7,20 € für die erste Klasse und 5,40 € für die zweite. Tickets können gegen Aufpreis auch im Zug gelöst werden.

Der Shuttlebus »Airport Line« (Linie 12) fährt im Halbstundentakt ins Europaviertel. Die einfache Fahrt kostet 4 €. Der Transfer mit dem Taxi zur Innenstadt dauert mindestens ebenso lange und kostet ca. 30 €.

Auf www.atmosfair.de und www.myclimate.org kann jeder Reisende durch eine Spende für Klimaschutzprojekte für die CO_2-Emission seines Fluges aufkommen.

MIT DEM BUS

Europabusse der Eurolines fahren täglich ab Frankfurt/Main sowie montags, mittwochs und freitags ab München nach Brüssel (Informationen unter Tel. 0 69/7 90 30). Der Fahrpreis beträgt ab Frankfurt hin und zurück ca. 60 €, ab München ca. 80 €.

Auskunft

IN DEUTSCHLAND, ÖSTERREICH UND DER SCHWEIZ

Belgien-Tourismus Wallonie-Brüssel
Cäcilienstr. 46, 50667 Köln | Tel. 02 21/27 75 90 | www.belgien-tourismus.de

IN BRÜSSEL

Visitbrussels ⚑ B3

Mont des Arts | bip (Brussels Info Place) | 2, Rue Royale | Metro: Gare Centrale | Tel. 5 13 89 40 | www.visitbrussels.be | tgl. 9–18 Uhr | auch als App (▶ S. 151)

Office de Promotion du Tourisme/ Wallonie-Brussels (OPT)

Ilôt Sacré | 61–63, Rue de Marché aux Herbes | Metro: Bourse | Tel. 0 70 22 10 21 | www.opt.be, www.belgique-tourisme.be | Mai, Juni, Sept., Okt. Mo–Fr 9–18, Sa und So 9–13 und 14–18 Uhr, Juli, Aug. Mo–Fr 9–19, Sa und So 9–13 und 14–19 Uhr, Nov.–April Mo–Fr 9–19, Sa 9–13 und 14–18, So 9–13 Uhr

Brussels Card

»3 Tage, über 30 Museen, 40 Euro!« Mit diesen Konditionen ist die Card der ideale Begleiter für einen erlebnisreichen Besuch in Brüssel. Zusätzlich erhält man 72 Std. freie Fahrt mit Metro, Bussen und Trambahnen sowie Rabatte im Marionettentheater Toone (▶ S. 40), in Restaurants, Cafés und einigen Designerboutiquen. Die Brussels Card gibt es in der 24-, 48- und 72-Stunden-Variante in den Touristen-Informationsbüros sowie in vielen Hotels und Museen. www.brusselscard.be | 24 Std. 24 €, 48 Std. 34 €, 72 Std. 40 €

Buchtipps

Jef Geeraerts: Der Generalstaatsanwalt (Unionsverlag, 2002) Geeraerts erweist sich als würdiger Nachfolger von Georges Simenon: In einer Welt der Zyniker und Karrieristen hat der Jurist Albert Savelkoul Karriere gemacht. Doch jetzt wird er von mächtigen Feinden erpresst …

Siggi Weidemann: Gebrauchsanweisung für Brüssel und Flandern (Piper, 2007) Eine amüsante Städtetrip-Lektüre voller Anekdoten mit sympathischer Distanz.

Eric Boschman, Nathalie Derny und Sven Laurent: Genießen in Belgien (Grenz-Echo Verlag, 2007) Wer sich auf diese kulinarische Entdeckungsreise begibt, spürt schnell, dass Essen und Trinken in Belgien auch in Buchform eine Herausforderung für alle Sinne sein können.

Franz Albert Pichler: Stammzellenkrieg in Brüssel (Books on Demand, 2009) Als Insider und ehemaliger EU-Attaché beschreibt der Autor in seinem Wissenschaftskrimi den Einfluss von Lobbyisten und Wissenschaftlern um Wirtschaftsinteressen auf weit reichende Entscheidungen und Gesetzesvorgaben.

Diplomatische Vertretungen

Deutsche Botschaft ⚑ G4

Etterbeek | 8–14, Rue Jacques de Lalaing, 1040 Brüssel | Tel. 7 87 18 00

Österreichische Botschaft ⚑ G5

Etterbeek | 5, Pl. du Champ de Mars, 1050 Brüssel | Tel. 2 89 07 00

Schweizer Botschaft ⚑ G4

Etterbeek | 26, Rue de la Loi, 1040 Brüssel | Tel. 2 85 43 50

Feiertage

1. Jan.
Ostermontag

1. Mai
Christi Himmelfahrt
Pfingstmontag
21. Juli Belgischer Nationalfeiertag
15. Aug. Mariä Himmelfahrt
1. Nov. Allerheiligen
11. Nov. Waffenstillstandstag
25. Dez. Weihnachten
Fällt ein Feiertag auf einen Sonntag, so gilt der darauf folgende Montag ebenfalls als Feiertag.

Geld

An den meisten Geldautomaten kann man mit der EC/Maestro-Karte Geld abheben. Kreditkarten sind gebräuchlich. Doch man hinterlässt in kleinen, familiären Restaurants einen besseren Eindruck, wenn man bar bezahlt.
Banken haben Mo–Fr 9–15.30 Uhr geöffnet, am Flughafen bis 21.45 Uhr, am Nord- und Südbahnhof bis 23 Uhr und am Zentralbahnhof bis 21 Uhr.

Kartenvorverkauf

Karten für Veranstaltungen jeder Art, speziell Konzerte und Theater, sind erhältlich in Touristenbüros (▶ S. 149). Günstige Last-Minute-Eintrittskarten für Veranstaltungen am selben Abend erhält man immer von Di–Sa 12.30–17.30 Uhr am Brussels Info Place (bip, ▶ S. 71), 2, Rue Royale.

Links und Apps

LINKS

www.agenda.be
Umfassender, aktueller Veranstaltungskalender, spannende Hintergrundberichte aus Kultur und alternativer Szene.
www.ilotsacre.be
Angenehm altmodische Karte des historischen Zentrums um den Grand'Place mit mehr als 100 Links und lustigen 360-Grad-Videos.
www.madbrussels.be
Auf der Homepage des Mode-and-Designcenters findet man nicht nur die neusten Szenetrends, sondern viele Hinweis auf kreative Termine, Ausstellungen und Wettbewerbe.
www.mysecretbrussels.com
Journalist Derek Blyth beschreibt fleißig aktuelle Veranstaltungen, originelle Gastrotipps und Hinterhof-Stores.
www.visitbrussels.be
Offizieller Webauftritt des städtischen Tourismusmarketings mit vielen aktuellen Informationen und Tipps. Nur das Buchungssystem ist suboptimal.

Klima (Mittelwerte)

	Januar	Februar	März	April	Mai	Juni	Juli	August	September	Oktober	November	Dezember
Tagestemperatur	5	6	10	14	18	21	22	22	20	14	9	6
Nachttemperatur	–1	–1	2	6	8	12	13	13	11	7	3	1
Sonnenstunden	2	3	4	5	6	7	6	6	6	4	2	2
Regentage pro Monat	21	17	17	18	16	15	17	18	13	17	20	19

APPS

www.GPSmycity.com

Wer sich mit GPS-Hilfe durch Brüssel navigieren lassen will, findet hier die kostenlose »Brussels Map and Walks« mit 20 Touren.

iOS | gratis (Full Version 4,99 $)

www.spottedbylocals.com

Offline-App mit Tipps von Einheimischen und der Anzeige nahe gelegener Sehenswürdigkeiten.

Android/iOS | 3,59 €

www.visitbrussels.be

Viele Infos zu Brüssel offline verfügbar; auf Englisch, Französisch und Niederländisch.

iOS | gratis

Medizinische Versorgung

KRANKENVERSICHERUNG

Die Vorlage einer Europäischen Krankenversicherungskarte (EHIC) ist ausreichend. Möchte man einen zusätzlichen Versicherungsschutz, empfiehlt sich der Abschluss einer Auslandskrankenversicherung, da diese Krankenrücktransporte mitversichert.

KRANKENHAUS

Klinik UH Brugmann nördl. H/J 1

Schaerbeek | Rue du Foyer Schaerbeek-ois 36 | Tel. 47 72 11 | www.chu-brugmann.be

APOTHEKEN

Apotheken sind in der Regel Mo–Fr 9–18 und Sa 9–14 Uhr geöffnet. Auskunft über Notfall-Apotheken (»pharmacie de garde«) erhält man unter Tel. 0 70/66 01 60. Nachts und an Wochenenden ist an jeder Apotheke die Adresse der jeweils nächsten diensthabenden Apotheke angeschrieben.

Nebenkosten

1 Tasse Kaffee	2,90 €
1 Bier	2,50 €
1 Cola	2,50 €
1 Brot (ca. 1 kg)	2,30 €
1 Schachtel Zigaretten	4,20 €
1 Liter Benzin	1,50 €
Mietwagen/Tag	ab 45,00 €

Notruf

Euronotruf Tel. 112

Öffnungszeiten

Gesetzlich geregelte Öffnungszeiten wie in Deutschland gibt es nicht. Die meisten Geschäfte sind Mo–Sa von 9–12 und 14–18 Uhr geöffnet, vor allem im Zentrum teils auch länger. Die meisten Antiquitätenhändler und Modemacher öffnen ihre Läden jedoch erst ab 10.30 Uhr. Die großen Supermärkte an der Peripherie sind meist bis 20 Uhr geöffnet.

Post

Die Briefkästen in Belgien sind rot. Briefmarken erhält man in allen Postfilialen. Eine Postkarte nach Deutschland, Österreich und in die Schweiz kostet 1,09 €.

Reisedokumente

Deutsche, Österreicher und Schweizer können mit einem gültigen Reisepass oder Personalausweis (Identitätskarte) einreisen. Kinder unter 16 Jahren benötigen ein eigenes Reisedokument.

Reiseknigge

Wer in Brüssel lebt, legt Wert auf ordentliche Kleidung und höfliches Auftreten. Als Besucher sollte man sich daher an diesen Vorgaben orientieren.

Günstig ist es auch, zumindest einige Sätze Französisch zu sprechen, obwohl die Mitarbeiter in den meisten Museen und Sehenswürdigkeiten Deutsch verstehen und Englisch sprechen.

Sehr unbeliebt bei den Kellnern ist die deutsche Eigenart, sich gemeinsam an den Tisch zu setzen und dann getrennte Rechnungen zu fordern. Daher empfiehlt es sich, dass jeder seinen Anteil anhand der Karte ausrechnet, mit Trinkgeld aufrundet und man dann gemeinsam zahlt.

Reisewetter

Das Wetter in Brüssel ist ozeanisch mild. Die Winter sind selten sehr kalt, die Sommer selten sehr heiß. Der Januar ist der kälteste Monat, der Juli der heißeste. Die beste Reisezeit ist von Mai bis September, zumal sich in den Sommermonaten in Brüssel eine fast schon südländische Atmosphäre ausbreitet. Andererseits hat auch das winterliche Brüssel seine ganz besonderen Reize. Stadtviertel wie etwa die Marolles entwickeln eine eigene Morbidezza und ein Spaziergang kann zu einer höchst romantischen Angelegenheit werden. Außerdem schmeckt die oftmals schwere belgische Küche an kalten Tagen umso besser.

Sightseeingtouren

Ein vorbildliches Programm bietet die gemeinnützige Gesellschaft »Arau« an (55, Rue de Adolphe Max, Tel. 2 19 33 45, www.arau.org). Historiker, Architekten, Künstler oder andere ganz normale Bürger führen Touristen jeweils unter einem bestimmten Motto durch ihre Heimatstadt. Themen sind u. a.: Brüssel um 1900 mit Schwerpunkt Jugend-

stil, Parks und Squares, Brüssel mal anders mit Touren abseits der großen Boulevards und Touristenzentren, Brüssel um 1930 mit Schwerpunkt Art déco, Industriegeschichte mit Besuchen sonst nicht zugänglicher Industriebauwerke. Die Führungen finden auf Französisch oder Englisch statt, auf Wunsch werden sie aber auch auf Deutsch durchgeführt.

Ein ähnliches Konzept verfolgt die auf Kulturreisen spezialisierte Agentur »Itinéraires« (157, Rue de l'Hôtel des Monnaies, Tel. 5 41 03 77, www.itineraires. be). Bei zweistündigen Spaziergängen streift man auf den Spuren des Surrealismus, der Freimaurer oder des Chansonniers Jacques Brel durch Brüssel.

Auf Spaziergänge durch den »Kleiderschrank von Brüssel«, auf Atelierbesuche und Stippvisiten in den trendigen Outlets der jungen Modemetropole haben sich u. a. die beiden Agenturen »Korei« (Tel. 3 80 22 09, www.korei.be) und »Brukselbinnenstebuiten« (Tel. 2 18 38 78, www.brukselbinnenstebuiten. be) spezialisiert.

Mit dem Fahrrad führt »Pro Velo« (15, Rue de Londres, Tel. 5 02 73 55, www. provelo.be) durch Brüssel und ins Umland. Man kann auch Citybikes mieten. Die historische Straßenbahn fährt täglich vom Depot in Wolve zum König-Baudouin-Stadion und zurück. Reservierung unter Tel. 5 15 31 08.

Weitere Infos geben die Touristenbüros (▶ S. 149), die auch Stadtrundfahrten vermitteln (z. B. mit Sightseeing Brussels oder Visit Brussels Line).

Die »Brussels Greeters« (www.brussels. greeters.be) arrangieren sehr individuelle Treffen mit Einheimischen, die Besucher ehrenamtlich zu schönen und

versteckten Plätzen sowie wahren Insi-
der-Ecken führen.

Stadtmagazin

Das monatlich erscheinende Magazin
»Agenda« informiert über alle kulturellen Veranstaltungen und ist gratis in
vielen Museen und Lokalen erhältlich.

Telefon
VORWAHLEN

D, A, CH ▶ Brüssel 0 03 22
Brüssel ▶ D 00 49
Brüssel ▶ A 00 43
Brüssel ▶ CH 00 41
Danach wählt man die jeweilige Orts-
kennzahl ohne die Null am Anfang.

Telefonzellen sind leicht zu bedienen.
Telefonkarten der Firma Belgacom gibt
es für 5 € und für 25 € bei allen Post-
ämtern und in den meisten Tabakge-
schäften. Für Notrufe benötigt man
weder Münzgeld noch eine Karte.
Über das Roamingverfahren der großen Telefonanbieter sind Mobiltelefone
in Belgien überall problemlos einsetz-
bar. Auskünfte über die Kosten erteilen
die Provider.

Trinkgeld

In Restaurants und Brasserien erwarten die Kellner rund 10 % Aufschlag auf
die Rechnung, auch wenn meist der
Service im Preis schon eingeschlossen
ist. Dasselbe gilt für Taxifahrer. Platz-
anweiser im Theater rechnen mit einem Obolus von 1 €.

Verkehr
AUTO

Der Straßenverkehr in Brüssel ist ähnlich schnell und improvisationsfreudig
wie in Paris, auch wenn auf vielen Straßen im Zentrum Tempo 30 gilt! Alle
Insassen eines Autos müssen ange-
schnallt sein. Vorsichtige und unsiche-
re Fahrer sollten daher ihren Wagen
besser zu Hause lassen. Für alle anderen einige lebensnotwendige Tipps:
Wenn nicht anders ausgeschildert, gilt
grundsätzlich rechts vor links. Straßenbahnen und Linienbusse haben generell Vorfahrt. Also, aufgepasst!
Parken ist fast überall in der Innenstadt
verboten oder mangels Parkplätzen
kaum möglich, es sei denn in den zahl-
reichen Parkhäusern. Abgeschleppt
wird schnell. Holt man sein Auto nicht
binnen vier Wochen ab, so wird es
zwangsversteigert. Generell sollte man
keine Wertsachen offen im Fahrzeug
liegen lassen.

ÖFFENTLICHE VERKEHRSMITTEL

Das Verkehrssystem ist gut ausgebaut,
preiswert und leicht verständlich. Die
Innenstadt wird von sechs Metrolinien
durchzogen; außerdem gibt es zwei Ne-
benlinien, auf denen Straßenbahnen in
Unterführungen fahren. Die Metrostationen sind durch ein weißes M auf
blauem Grund gekennzeichnet, Bus-
und Tramhaltestellen durch rot-weiße
bzw. blau-weiße Schilder. An Haltestellen mit dem Hinweis »sur demande«
muss man den Bus oder die Tram
durch Handzeichen stoppen.
Alle öffentlichen Verkehrsmittel fahren
von 5.30–24 Uhr. Fahrkarten enthalten
einen Wertchip und müssen beim Ein-
steigen an einem Lesegerät entwertet
werden. Sie sind erhältlich in den Met-
robahnhöfen, an Go-Automaten, an
vielen Zeitungskiosken oder in den
Tourismusbüros. Ein Einzelfahrschein

kostet 2 €, beim Fahrer 2,50 €. Ein 10er-Ticket gibt es für 13,50 €, ein Tagesticket für 6,50 € und ein Dreitagesticket kostet 14 €. Man kann beliebig oft umsteigen, muss aber jedes Mal die Karte einlesen lassen. Informationen: Tel. 0 90 01 03 10, www.stib.be

TAXIS

Brüsseler Taxifahrer gelten als ehrlich und freundlich. Der Grundpreis beträgt 2,40 € (nachts 4,40 €), der Kilometer kostet innerhalb der 19 Brüsseler Gemeinden 1,66 €, bei Fahrten nach außerhalb 2,70 €.

Taxis Bleus Tel. 2 68 00 00
Taxis Orange Tel. 3 49 43 43
Taxis Verts Tel. 3 49 49 49
Barrierefreie Taxis Tel. 3 49 45 45 und 5 27 16 72

Von 22–6 Uhr sind die Sammeltaxis des Collecto-Service unter Tel. 0 28 00 36 36 zu erreichen; eine Stadtfahrt für Nachtschwärmer kostet nur 6 €.

Zoll

Reisende aus Deutschland und Österreich dürfen Waren abgabenfrei aus Belgien mit nach Hause nehmen, wenn diese für den privaten Gebrauch bestimmt sind. Neuerdings darf Wein in unbegrenzter Menge aus den meisten EU-Ländern nach Deutschland eingeführt werden.

Andere Richtmengen sollten jedoch nicht überschritten werden (z. B. 800 Zigaretten, 10 kg Kaffee). Weitere Auskünfte unter: www.zoll.de und www.bmf.gv.at/zoll

Reisende aus der Schweiz dürfen Waren im Wert von 300 SFr abgabenfrei aus Belgien mit nach Hause nehmen, wenn diese für den privaten Gebrauch bestimmt sind. Tabakwaren und Alkohol fallen nicht unter diese Wertgrenze und bleiben in bestimmten Mengen abgabenfrei (z. B. 200 Zigaretten, 2 l Wein). Weitere Auskünfte unter: www.zoll.ch

Entfernungen (in Minuten) zwischen wichtigen Orten

*mit öffentlichen Verkehrsmitteln

	Grand'Place	Manneken Pis	St-Michel	Mont des Arts	Königspalast	Justizpalast	Grand Sablon	Quartier Léopold	Atomium	Schloss Laeken
Grand'Place	–	6	12	10	15	14*	15	25*	30*	45*
Manneken Pis	6	–	18	8	15	20	14	28*	32*	45*
St-Michel	12	18	–	11	10	7*	13	14*	20*	35*
Mont des Arts	10	8	11	–	4	10	5	18*	25*	38*
Königspalast	15	15	10	4	–	14	8	15*	22*	38*
Justizpalast	14	20	7*	10	14	–	6	16*	23*	40*
Grand Sablon	15	14	13	5	8	6	–	18*	25*	42*
Quartier Léopold	25*	28*	14*	18*	15*	16*	18*	–	35*	50*
Atomium	30*	32*	20*	25*	22*	23*	25*	35*	–	16*
Schloss Laeken	45*	45*	35*	38*	38*	40*	42*	50*	16*	–

ERHÄLTLICH
ALS E-BOOK
ODER ALS BUCH
MIT LEINEN-
EINBAND

Erlesene

Auf den Spuren berühmter
Persönlichkeiten

Ziele

MERIAN
Die Lust am Reisen

ORTS- UND SACHREGISTER

Wird ein Begriff mehrfach aufgeführt,
verweist die **fett** gedruckte Zahl auf die Hauptnennung.
Abkürzungen: Hotel [H] · Restaurant [R]

Liebe Leserinnen und Leser,

vielen Dank, dass Sie sich für einen Titel aus unserer Reihe MERIAN *momente* entschieden haben. Wir wünschen Ihnen eine gute Reise. Wenn Sie uns nun von Ihren Lieblingstipps, besonderen Momenten und Entdeckungen berichten möchten, freuen wir uns. Oder haben Sie Wünsche, Anregungen und Korrekturen? Zögern Sie nicht, uns zu schreiben!

Alle Angaben in diesem Reiseführer sind gewissenhaft geprüft. Preise, Öffnungszeiten usw. können sich aber schnell ändern. Für eventuelle Fehler übernimmt der Verlag keine Haftung.

© 2014 TRAVEL HOUSE MEDIA GmbH, München
MERIAN ist eine eingetragene Marke der GANSKE VERLAGSGRUPPE.

TRAVEL HOUSE MEDIA
Postfach 86 03 66
81630 München
merian-momente@travel-house-media.de
www.merian.de

Alle Rechte vorbehalten. Nachdruck, auch auszugsweise, sowie die Verbreitung durch Film, Funk, Fernsehen und Internet, durch fotomechanische Wiedergabe, Tonträger und Datenverarbeitungssysteme jeglicher Art nur mit schriftlicher Genehmigung des Verlages.

BEI INTERESSE AN MASSGESCHNEIDERTEN MERIAN-PRODUKTEN:
Tel. 0 89/4 50 00 99 12
veronica.reisenegger@travel-house-media.de

BEI INTERESSE AN ANZEIGEN:
KV Kommunalverlag GmbH & Co KG
Tel. 0 89/9 28 09 60
info@kommunal-verlag.de

1. Auflage

VERLAGSLEITUNG
Dr. Malva Kemnitz
REDAKTION
Juliane Helf
LEKTORAT
bookwise, München
BILDREDAKTION
Kathrin Schäfer
SCHLUSSREDAKTION
Andrea Lazarovici
HERSTELLUNG
Bettina Häfele, Katrin Uplegger
SATZ/TECHNISCHE PRODUKTION
bookwise, München
REIHENGESTALTUNG
Independent Medien Design, Horst Moser, München (Innenteil), La Voilà, Marion Blomeyer & Alexandra Rusitschka, München und Leipzig (Coverkonzept)
KARTEN
Gecko-Publishing GmbH für MERIAN-Kartographie
DRUCK UND BINDUNG
Firmengruppe APPL, aprinta Druck, Wemding

Ein Unternehmen der
GANSKE VERLAGSGRUPPE

PEFC
PEFC/04-32-0928

BILDNACHWEIS
Titelbild (Atomium), www.atomium.be - SABAM 2013 - N. Szkop
agefotostock: K. George 13l | Alamy: Tips Images/Tips Italia Srl a socio unico 122 | Belga Queen 67 | Bildagentur Huber: Ritterbach 111 | Bloom! 22 | Chocolatier Laurent Gerbaud 19 | Corbis: Atlantide Phototravel 56/57, 70, S. Bianchetti 140l, T. Bognar 80, Hulton-Deutsch Collection 160o, F. Lenoir/Reuters 20/21, J. Lescourret 58 | dpa Picture-Alliance: J. De Meester 15, Photoshot 136/137 | Getty Images 100 | Glow Images 119 | imagebroker/vario images 65, 128 | imago: Xinhua 33 | iStockfoto: 35007 143r, eurobanks 160u, M. Luhrenberg 13r | KWINT 26 | laif: K. Cintract/hemis.fr 2, M. Colin Hemisphere 127, J. Fistick/The New York Times//Redux 38, B. Gardel/hemis.fr 4/5, 62, M. Gonzalez 29, Hoa-qui 41, M. Jung 34, 50, 76, 98, 114, B. Perousse/hemis.fr 42, Reporters 37, B. Rieger/Hemisphere 46, M. Riehle 130/131 | Le Berger: M. Plissart 16 | look-foto 112 | mauritius images: Photononstop 102 | C. Okoshji Mbeba 57r | R. Schmitz 56o | shutterstock: Albo 56, foto76 31, jorisvo 144r, Pack-Shot 12, p.studio66 14, skyfish 51, P. Szczepanski 94, vicspacewalker 145 | SUPERBILD 107 | M. Vandriessche 57l | Visitbrussels 6, E. Danhier 53, O. van de Kerchove 86, M. Vanhulst 138 | VISUM: G. Wojciech 108 | Wiels 17 | Wikipedia: G. Dawe 142l, Hans Holbein d.J. 140r, H. Privat-Livemont 143l, W. Sadler 141

BRÜSSEL GESTERN & HEUTE

Die **Maison du Roi**, in der heute u. a. das Stadtmuseum (▶ S. 121) untergebracht ist, wurde im 16. Jh. im Stil der Neogotik bzw. der Neorenaissance erbaut, im 19. Jh. abgerissen und von Victor Jamar in ihrem ursprünglichen Stil neu errichtet. Im Jahr 1910 durften davor, auf der quadratischen Grand' Place, noch Fahrzeuge halten, wie oben zu sehen ist, heute dominieren Touristen mit Kameras und Postkartenstände Brüssels Wahrzeichen, das seit 1998 zum UNESCO-Weltkulturerbe zählt.